Qu'est-ce que la philosophie ?

Pré-textes

Collection animée par
François Dagognet
et Alexis Philonenko

Qu'est-ce que la philosophie ?
Kant & Fichte

par

Alexis Philonenko

Professeur à l'Université de Rouen

Paris
Librairie Philosophique J. Vrin
6, Place de la Sorbonne, 75005   1991

Introduction

Qu'est-ce que la philosophie ?

Qu'est-ce que la philosophie ? A cette question, qu'il est permis de regarder non seulement comme fondamentale, mais encore comme angoissante, beaucoup d'esprits ont répondu en la déterminant de manière immédiate *par son objet*, comme on définit, sans y penser davantage, la physique comme étant la science dont l'objet est la nature, ou bien encore la biologie comme étant la science dont l'objet est la vie. C'est ainsi que longtemps la philosophie fut définie comme la science du *divin* et on la nomma tantôt *métaphysique*, parce qu'elle s'occupait de l'Etre qui dépasse et crée tous les êtres (en quoi elle est métaphysique), tantôt *théologie,* car il convenait de mieux spécifier son objet, Dieu ou l'Etre suprême. Mais quand l'esprit humain s'avisa qu'il était impossible de connaître Dieu, la philosophie changea d'orientation et d'objet. Ainsi, par exemple, elle se tourna vers la *matière,* et de bons esprits écrivirent alors que la vraie philosophie était la science de la matière et qu'il fallait la nommer *matérialisme*. Evidemment cette orientation n'était pas la seule possible. La philosophie se dirigea aussi vers la *conscience* et elle se para du titre glorieux de *psychologie*. Elle voulut aussi pénétrer plus profondément que la biologie les mystères de la vie et elle se nomma *vitalisme*. Aussi bien le sens exact de la philosophie se perdit : elle devint diverse comme les objets vers lesquels elle se tournait et, comme chacun le sait, la diversité étant source de confusion, la philosophie devint confuse. La multiplicité des orientations, l'hétérogénéité des objets de la réflexion, firent de la philosophie un tissu aux couleurs bariolées, où chacun trouvait un élément plus plaisant que les autres. Diversifiée, la philosophie se donna comme contingente, née du hasard des méditations humaines et l'on en vint à parler non plus de la philosophie, mais des philosophies, si bien que la question *Qu'est-ce que la philosophie ?* sembla très étrange, sans objet, et sans rapport avec la réalité.

On se demandera alors pourquoi le matérialisme, par exemple, persistait à vouloir être appelé *philosophie ?* Cette question, bien entendu, s'applique aussi au vitalisme, à la psychologie, à toutes ces orientations dont l'histoire a conservé, plus ou moins honorablement, la mémoire. C'est que chacune de ces orientations enveloppait une prétention sans égale : on croyait toujours se diriger vers l'*objet le plus important* et l'on pensait, de ce fait, être en droit de revendiquer la couronne illustre et antique de la philosophie, qui la désignait comme la *reine des sciences*. C'est ainsi que le vitalisme, par exemple, soutient qu'il n'est rien de plus essentiel que l'objet dont il s'occupe, c'est-à-dire la vie dans ses formes et son évolution. Naturellement la *philosophie de la conscience* fut habitée par la même prétention et d'une manière générale chaque orientation tendait au même but. C'était, au fond, de la théologie qu'était issue cette prétention : Dieu n'était-il pas, incontestablement, l'objet seigneurial, l'objet absolu ? La théologie, pour énoncer sa prétention et la présenter comme légitime, n'hésitait pas à se faire nommer autrement que métaphysique ou théologie; elle ambitionnait d'être partout reçue et entendue comme *philosophie première*. La philosophie première est la science qui vient en premier parce qu'elle s'applique au premier de tous les objets, c'est-à-dire l'Etre suprême. Toutefois cette prétention était fragile, car les hommes, habitués aux idoles, n'hésitaient pas à dire que la vie, par exemple, était l'Etre suprême et les matérialistes eux-mêmes réputèrent leur doctrine comme plus fondamentale et plus haute que la prétendue philosophie première.

Confuse et prétentieuse – c'était le visage qu'elle offrait souvent – la philosophie suscita l'aversion. Les artistes l'eurent souvent en horreur, croyant que leur art était, de par son objet et son orientation, plus digne de respect. Certains musiciens crurent que la froide philosophie, cette science sans importance qui prétendait connaître le plus important, ne valait pas une seule de leurs mélodies. Mozart et Beethoven n'étaient pas des adversaires acharnés de la philosophie, mais ils pensaient, eux en lesquels l'humanité reconnaît les plus sublimes génies, mieux exprimer le sens de la mort et de l'amour de Dieu que n'importe quel maître de philosophie. Molière le pensait aussi. Dans *Le Bourgeois gentilhomme* il tourne en ridicule le maître de musique, le maître d'armes, le maître de danse. Mais c'est avec le philosophe qu'il se montre le plus cruel. Le maître d'armes n'a, au fond, que bien peu de prétentions; tout ce qu'il prétend enseigner c'est l'art de tuer son prochain – ce n'est pas grand' chose. Mais le maître de philosophie prétend tout savoir et bien naturellement *le plus important* ; ce qu'il veut enseigner, c'est la science sans laquelle la vie ressemble à la mort et pour que cela soit bien dit, il énonce sa sentence en latin : *Nam sine doctrina vita est quasi mortis imago,* – sans la science, la vie est presque une image de la mort. Mais toute la science qu'il peut communiquer « selon l'ordre des choses » (où, si l'on préfère : l'ordre des raisons), c'est la manière de prononcer voyelles et consonnes (Act. II, sc. IV). Voilà la belle philosophie et, sans doute, Mozart lisait-il avec plaisir cette page de Molière, où l'impudente prétention de la philosophie à détenir le savoir concernant la chose la plus importante est renversée et ruinée. Musiciens, poètes, peintres, tous doutent que la prétention de la philosophie soit fondée. Et alors qu'importent ses fréquents changements, ses orientations diverses ? Matérialisme, vitalisme, psychologie, théologie, et naturellement ontologie : A, E, I, O, U !

*

* *

Que cette opinion soit fâcheuse, qu'elle attriste celui qui se livre à l'étude de la philosophie, nul n'en doutera et un moment de sincérité (chose rare dans le cœur de l'homme) conduira l'esprit à n'en point méconnaître l'existence, ni à en contester la généralité, comme le caractère antique. A l'origine du commencement, avant même que Platon ne commence à écrire et il sera le premier à écrire de la philosophie, Aristophane dans sa comédie *Les Nuées* se moque de Socrate. La philosophie, mais elle ne s'y prêtait que trop, a toujours connu les coups de fouet du ridicule. Et pourtant...

Quiconque lit les ouvrages des grands philosophes, ou plus exactement des philosophes, est, à la fois, surpris et humilié. Il découvre qu'il est allé à la rencontre de vastes esprits, lumineux, soucieux de vérité ; il affronte une réalité spirituelle immense, qui le confond par sa richesse et son infinité. Tant et si bien, que par-delà le ridicule – voile finalement heureux et désirable pour détourner les petits esprits –, il perçoit une nécessité rationnelle et morale d'une rigueur absolue. Alors s'effondrent les rires et les railleries, alors s'instaure dans la conscience une paix silencieuse et interrogative, tandis que naît le puissant désir de *converser* avec les philosophes. C'est un désir bien rarement exaucé, car le philosophe semble vivre et penser dans un autre monde, dans un monde plus radieux, gouverné, non pas, comme on le croit, par la contradiction, mais par le dialogue et la *communication* des pensées. Dante nous l'explique en son *Banquet*, par l'image d'une haute et somptueuse table, où les esprits célestes partagent le *pain des anges*. Aristote s'y trouve aux côtés de Platon et de Socrate et loin d'opposer leurs pensées, ils les échangent en buvant le même nectar. Et, de cette table magnifique, tombent quelques miettes dont s'emparent les simples intelligences. Dès lors deux choses sont possibles, car la modestie ou l'orgueil animent des intelligences que le monde a voulu limitées.

Ou bien l'orgueil l'emporte. On croit qu'une miette du pain des anges peut suffire à féconder l'esprit et, comme on le verra, c'est parfois possible. Mais le plus souvent cette miette agit comme un poison. Enfiévré l'esprit limité croit, par exemple, qu'en digérant cette miette, il comprend Aristote, mieux qu'Aristote ne s'est compris lui-même. L'orgueil le conduit à reconstruire ce qui n'a pas besoin d'être reconstruit. Le voilà, à son tour, inconscient de ses limites, devenu *philosophe* et il ira jusqu'à élaborer une nouvelle doctrine qu'il osera, peut-être, nommer *matérialisme,* tant il est vrai qu'Aristote ne croyait pas aux Idées de Platon. Que, ce faisant, l'authentique philosophie sombre dans le ridicule, que, par exemple, la théologie soit défigurée, ne serait-ce que parce que l'on a ajouté un mot de trop et par conséquent sans valeur, mais ruineux, c'est la simple expérience qui nous l'enseigne. Et puis, comme la vérité est la fille du temps, après avoir fait beaucoup de *bruit* (par opposition à la *musique* céleste qui bénissait le repas des esprits illustres [1]),

---

1. Lisez la *Comedia* de Dante. C'est une théorie du *son.* L'Enfer et son vestibule (les Limbes) sont remplis de bruits affreux; le Purgatoire, qui accueille les âmes promises au salut retentit de cantiques joyeux et enfin le Paradis résonne de la musique des sphères et des anges.

ces *philosophes* sombrent dans l'oubli, qui est la véritable et affreuse mort. D'un côté l'éternité, de l'autre l'oubli. Tout se résume en cette opposition qui n'est que trop vraie. La récompense de l'orgueil, c'est l'oubli et par conséquent la perte du salut et le désespoir de l'âme. Car le châtiment, bien souvent, n'attend pas la mort physique et beaucoup se découvrent démodés de leur vivant. On dira que, pour l'honneur de la philosophie, il faudrait les égorger le plus vite possible. Ce serait, sans aucun doute, tout-à-fait souhaitable. Mais on ne le peut : ce serait un génocide.

Ou bien la modestie l'emporte. On comprend dans l'expérience de la rencontre des grands et illustres esprits qu'on ne saurait appartenir à leur étincelante compagnie et, ramassant une miette (et même, peut-être, plusieurs), on se décide à n'être qu'un écuyer, comme dit Dante, ou encore un valet au service des génies qui honorent l'humanité. C'est vouloir être *historien de la philosophie*, et plutôt que de voler des idées ou inventer de faux concepts, tenter de mettre en lumière les grandes notions qu'un *philosophe* a su et voulu introduire dans le monde. L'*historien de la philosophie*, certes animé par une réelle *inspiration* (dans *inspiration* on retrouve le mot latin *spiritus*), ne travaille pas pour sa gloire, ni pour sa renommée : tout son labeur appartient *au philosophe*. Et sa tâche, assurément obscure, est pleine de noblesse et de vérité. Un *historien de la philosophie* n'a jamais tort au sens vulgaire du terme; c'est qu'il croit, qu'au-dessus de lui, le *philosophe* a toujours raison, et que s'il s'est trompé, l'édifice majestueux, dont il s'est efforcé de retracer le plan et la signification fondamentale, demeure inébranlable. Aussi ne se soucie-t-il pas de l'oubli : il sait, du plus profond de sa modestie, que l'oubli n'effacera jamais les hautes pensées auxquelles il a voué sa vie et, enfin, les historiens de la philosophie peuvent bien être dépassés : ils ne sont jamais ridicules, sauf exception. Le ridicule en histoire de la philosophie consiste à passer son temps à la tâche entièrement vaine de dénoncer les contradictions des philosophes. Les vrais et grands philosophes ne se contredisent absolument jamais. Trouver des contradictions dans leurs pensées, c'est non seulement, chose indigne, se croire supérieur à eux, mais encore produire une œuvre stérile. Dans le repas céleste où l'on partage le pain des anges on échange des idées, on ne les oppose pas. Platon est l'ami d'Aristote, qui lit avec plaisir les livres de Descartes ou de Kant.

On ne choisit pas d'être orgueilleux ou modeste. En ceci c'est l'Esprit du monde qui décide et il a donc voulu qu'existent en dehors des grands esprits des fous et des sages. Le vent souffle où il veut. Il est donc fatal que la philosophie soit en même temps salie et honorée : c'est une réalité humaine. Et l'expérience qui y conduit les fous et les sages est sans doute la même. On ne peut lire les œuvres des grands philosophes sans tomber, pour parler comme Rousseau, sur une page étincelante, où tout un univers de pensées et de sentiments est concentré avec une force incroyable, défiant l'imagination. Ce sera peut-être la page 15 de tel traité, ou la page 740 d'un autre. Peu importe. D'un seul coup s'embrasse la *vocation* et selon qu'on est un fou ou un sage, on croira pouvoir aller plus loin, ou au contraire on se soumettra loyalement et entièrement. Bien naturellement, il n'y a en ceci aucune règle, car, comme on le sait, le Dieu de la philosophie est capricieux : ou bien on trouvera sa vocation dans le premier livre qu'on lira, ou bien il faudra attendre, avoir lu et étudié mille et mille livres. Et s'il n'y a aucune règle, c'est que nous sommes mortels et c'est, peut-être aussi, parce que nous sommes mortels, que l'Esprit du monde décide de faire de nous des fous ou des sages. Il peut, bien entendu aussi, nous lasser, nous détourner de la philosophie et, à la réflexion, c'est une heureuse manifestation de sa sagesse. Un monde où il n'y aurait que des philosophes, tous confondus, génies, sages et fous, serait parfaitement insupportable [1]. Aussi bien, si

---

1. C'est la raison profonde pour laquelle la philosophie semblera toujours réservée à des *initiés*.

l'on admet qu'il existe une réponse à la question : *Qu'est-ce que la philosophie ?*, il n'y a très certainement aucune réponse à la question : *Comment devient-on amoureux de la philosophie, que l'on soit fou ou sage ?*

*
* *

Platon ne nous a jamais dit s'il était réaliste ou idéaliste, si sa philosophie s'orientait vers le *réalisme* ou vers l'*idéalisme*. Et Kant, lui-même, s'est refusé à choisir entre le réalisme et l'idéalisme : la *Critique de la raison pure*, qui développe l'idéalisme transcendantal, comprend une *Réfutation de l'idéalisme*. Ce qu'ils ont voulu, l'un et l'autre, consistait seulement à élaborer une vision du monde, totale et cohérente et, encore une fois, cette vision peut se concentrer en une page.

Mais alors et si vraiment la vocation philosophique (pour le bonheur ou le malheur de la philosophie) peut naître au *détour* [1] d'une page, d'où procède réellement l'inspiration philosophique ? Dans le *Théétète* Platon écrit que la philosophie procède de l'*étonnement*. On a

1. Usons du mot *détour* ; faire un détour, c'est changer de chemin et changer de chemin, c'est faire l'expérience ultime de la vocation.

coutume de lire cette sentence comme si, à la vue d'un objet bizarre, étranger à notre monde mental (*geistige Welt*), notre âme était soulevée et tendue vers l'inconnu. Comme il ne faut pas toujours s'écarter de la coutume, nous admettrons qu'en effet les choses puissent se passer ainsi. Mais il y a tant d'objets bizarres et inconnus ou plus simplement étrangers à notre monde mental, qu'il doit exister un autre sens en cette affirmation. Au demeurant le bizarre et l'étrange ne donnent pas toujours naissance à de l'excellente philosophie. Feuerbach, en écrivant son livre sur *Pierre Bayle*, s'est amusé à recenser toutes les pensées philosophiques nées du bizarre et de l'étrange. Il trouva, par exemple, une *Théologie des tremblements de terre*. Et c'est vrai, un tremblement de terre est une chose très bizarre et étrange. Mais vouloir faire *reposer* une vision du monde sur les *tremblements* de terre est une pensée qui enveloppe quelque chose d'encore plus saugrenu, de bizarre et d'étrange, *par excellence*. L'étonnement est trop souvent guidé par « l'ange du bizarre », pour que nous puissions nous fier à sa simple définition.

Cicéron peut, toutefois, nous tirer de ce mauvais pas. Evidemment (mais c'est une lourde erreur) on ne le considère pas comme un interprète autorisé de Platon et de Socrate. Ce qu'il nous dit est fondamentalement distinct de l'enseignement des commentateurs de Socrate et de Platon. Selon ceux-ci Socrate et Platon n'auraient eu d'autre but que de s'élever aux Cieux pour y découvrir la philosophie en sa vérité. C'est encore ainsi qu'on enseigne de nos jours le platonisme. Mais Cicéron jugeait cette pensée erronnée. Il écrivit donc que « Socrate fut le premier à faire *descendre* la philosophie du haut des Cieux, afin d'introduire le Bien et la morale dans le monde et dans les mœurs ». Et par là il indiquait, non seulement le sens de l'étonnement selon Platon, voulant ainsi qu'en tout étonnement se manifestât la philosophie, mais encore il affirmait que le premier objet de l'étonnement, ou plutôt la chose la plus étonnante, aussi étonnante qu'une belle étoile, était la philosophie elle-même. Que l'homme fut capable de saisir de grandes et sublimes idées, de lever son regard vers les Cieux pour le retourner en soi et apprendre à se gouverner selon les lois morales, en un mot de quitter un instant sa Terre pour aller chercher son destin et sa vérité dans les Cieux, c'était là le signe de sa noblesse et de sa grandeur et aussi ce qui le distinguait de l'animal, rivé à son sol natal. Sans doute l'animal parait, parfois, lever ses yeux vers le ciel ; mais il ne regarde pas les Cieux – il suit seulement du regard un objet qui se déplace dans l'air, comme le chat épiant le vol des oiseaux. Si l'homme n'est pas un animal, c'est parce qu'il est capable de jeter un regard vers l'invisible, vers les Idées, vers ce qui lui donne à penser aussi bien à lui-même qu'au monde dont il est le Citoyen : c'est alors qu'il devient philosophe et qu'il attire sur la Terre la chose la plus étonnante, la philosophie qui lui apprend qu'il est un être possédant une raison et un cœur. Ainsi Platon, selon Cicéron, nous enseigna la dignité de la pensée descendant des Cieux à travers notre regard. Savoir et sentir que l'on n'est pas un animal, est-il chose plus étonnante, plus déconcertante ? Ce « savoir » et ce « sentir » constituent l'âme, ou, si l'on préfère l'essence de la philosophie. Elle nous enseigne, descendant des Cieux jusqu'à nous, que nous sommes différents de tous les autres êtres, bien que nous soyons mortels comme eux. Sans la philosophie l'idée d'*Humanité* serait vidée de tout son sens et de toute sa richesse. Et Kant, reliant la loi morale en son cœur et l'infinité des Cieux, ne disait pas autre chose que Platon selon Cicéron, et c'est pourquoi il ramenait tout le texte de la philosophie à cette unique question : *Qu'est-ce que l'homme ?*

Térence écrivit aussi : *Rien de ce qui est humain ne m'est étranger.* Ces mots, si justement célèbres, éclairent la traduction kantienne (c'est-à-dire son unique question) de la pensée platonicienne. La philosophie, la chose la plus étonnante qui soit et qui ne peut venir que des

Cieux, nous invite à distinguer, non seulement l'homme et l'animal, mais encore le *monde* et l'*univers*. L'animal n'a qu'un *monde*, au demeurant plus limité qu'on ne le croit. Mais l'homme possède un *univers,* qui loin de se limiter à la réalité physique immédiate, possède une immensité morale, intellectuelle et historique, dont rien ne doit nous échapper, puisque, si loin que nous allions, c'est encore nous-mêmes que nous trouvons. Et par là notre mort elle-même se sépare de celle de l'animal : autre chose mourir dans un monde, autre chose mourir dans un univers. Mourir dans le monde n'est rien, ce n'est que disparaître. Mourir dans un univers, c'est quitter une totalité où par l'histoire et la pensée nous avons, chacun, laissé notre trace et notre souvenir. Un des premiers principes de la philosophie est que l'animal vit, mais que l'homme existe. Et c'est cette existence sur laquelle, allant d'étonnement en étonnement, mais aussi de fraternité en fraternité, nous devons nous pencher avec une ardeur inlassable. *Ces choses-là sont simples, mais pour les comprendre il faut avoir fait des études.*

On ne limitera pas par conséquent la philosophie aveuglément. Tous ceux qui ont voulu saisir et pénétrer le savoir humain et le cœur ont leur place au *Banquet* de Dante. Et ainsi Salluste partage le pain des anges, tandis qu'au début de son écrit sur la guerre de Jugurtha, il explique le sens et la valeur du travail de l'historien, précédant Tacite, peintre admirable du cœur humain. Ils sont beaucoup autour de la table céleste et pourtant, à bien y regarder, très peu : c'est que leurs magnifiques discours sur l'homme s'unifient dans l'échange, de telle sorte que les grandes idées sont très peu nombreuses et que les orateurs se confondent dans leur essentiel accord. De la sorte on peut reprendre une profonde pensée d'Hermann Cohen : nous n'avons pas ajouté beaucoup de nouveaux concepts à ceux que les Grecs, nos maîtres à penser, ont découverts [1]. On doit non seulement la reprendre, mais l'étendre : elle vaut aussi pour la littérature, la musique, l'histoire, et enfin pour tout ce qui manifeste le génie humain [2]. Ce serait une idée ruineuse que de penser que ce faisant il n'y a pas de progrès humain. Le progrès s'effectue sans doute suivant l'extension, mais c'est dans le sens de la profondeur qu'il manifeste sa réalité la plus authentique. Une pensée qui ne se développe qu'en *extension*, comme l'a vu Bergson, est une pensée simplement *mythique*. Celle qui ne cesse de gagner en *profondeur* est une pensée *philosophique*. Et

---

1. H. Cohen, *Kant's Theorie der Erfahrung*, B. Cassirer, dritte Auflage, Berlin, 1918, p. 93.
2. Alexis Philonenko, *Reason and Writing*, Université de Californie, 1990.

ainsi, si nous sommes philosophes, et si nous appartenons aux *sages*, nous ne cesserons de croire qu'il faut approfondir Platon. La philosophie, chose mystérieuse, ne cesse de descendre des Cieux. Et nous devons ajouter une simple pensée : si vraiment les grandes idées sont très peu nombreuses, entre nous et les Anciens il n'y pas de solution de continuité. Nous pouvons lire et relire avec profit les textes de Platon : nous y trouverons nos idées, sans doute mieux exprimées, mieux développées, plus propres à toucher notre esprit, ou, si l'on préfère notre conscience. *La philosophie est une et indivisible.* Les mondes s'éparpillent, mais l'univers, lié en soi, par la philosophie, possède toujours une unité de sens et il n'y a pas lieu d'opposer l'Idée du Bien chez Platon et la loi morale chez Kant.

Ainsi le vrai philosophe et dans une moindre mesure l'historien de la philosophie sont-ils, selon une expression de Tolstoï, les *gardiens de la pensée.* Transmettre et conserver les idées est leur tâche fondamentale. C'est évidemment une tâche difficile : l'idée doit être transmise, autrement, sans être pourtant défigurée et surtout, dans l'héritage de la pensée, ces quelques concepts, si peu nombreux, doivent tous être repris, pensés à nouveau: « Je ne méprise presque rien », disait Leibniz. Le *presque* était sous la plume de Leibniz non pas une réserve, mais une politesse. C'est qu'ayant peur d'oublier quelque chose, il présentait ses excuses ; mais, au fond de lui-même il ne voulait rien oublier, et, en effet, n'oubliait rien comme on le voit en sa *Théodicée*. Leibniz était un authentique gardien de la pensée, fort peu semblable à ces fous qui se font un manteau du mot de *philosophe* (comparable à la robe de la philosophie dont parle Boèce en son *De Consolatione*). Sous son regard toutes les choses (théologie, art, histoire, mathématique, que sais-je encore ?) étaient gardées et la raison sauvegardée. C'est pourquoi Kant put dire que la *Critique de la raison pure* était l'Apologie de Leibniz. Et par là Kant voulait exprimer une pensée très profonde. Depuis que Socrate avait été chercher la philosophie dans les Cieux (*devocavit e cœlo*), celle-ci était devenue une tradition vivante : loin que la transmission des concepts fut une tâche stérile et inerte, comme le sont, quand on y réfléchit, les vagues toujours recommencées de la mer, c'était chose comparable à la circulation du sang, qui réanime le corps et l'expose à de nouveaux dangers ou de nouvelles menaces. La tradition était une problématique et la problématique une tradition. C'était donc une chose *étonnante*, au bon sens du terme, que de lire au milieu de la *Critique de la raison pure* de nobles pages consacrées à Platon. Et leur signification était très simple et très profonde : Kant, expliquant que le problème de Platon était le problème même de la philosophie transcendantale, affirmait qu'il entendait remplir avec honneur et fidélité sa fonction de gardien de la pensée et de la philosophie qui y trouve sa demeure. Il croyait aussi, comme Leibniz, dont l'admiration pour Platon était connue[1], que respecter la philosophie (et à ses yeux elle en était digne), c'était, à la fois garder le passé, et embrasser tout l'univers humain, dans sa vérité juridique, mathématique, historique, scientifique, esthétique. Le *philosophe* sait que l'univers humain est une totalité et que la totalité est universelle. Souvent passe ici la coupure qui sépare le *philosophe* et *l'historien de la philosophie*. Incapable de pénétrer la totalité universelle avec autant de puissance que le philosophe, l'historien se contentera, par exemple, d'exposer la philosophie religieuse d'un Leibniz ou d'un Hegel. C'est faire œuvre pieuse et cela n'est nullement contraire à l'honneur, ni à la fidélité. Et cette piété, qui n'attend aucune récompense, est en quelque sorte l'armure dont sera revêtu le gardien de la pensée. Peut-être l'histoire de la philosophie n'est-elle qu'un culte sans nécessité. On ne saurait le dire odieux.

Cette tradition ne saurait s'éteindre. C'est une idée bien fausse que de penser qu'une nuit mourra

---

1. Alexis Philonenko, *Le transcendantal et la pensée moderne, Etudes d'histoire de la philosophie*, P.U.F, Epiméthée, Paris, 1990. (Leibniz et le platonisme).

le dernier philosophe. Tant que les hommes songeront aux Cieux, pour y trouver la vérité dont doit être entourée la Terre, la philosophie demeurera vivante. Et les hommes, qui ne seront jamais des animaux, regarderont toujours par delà les étoiles lointaines, en sorte que *Humanité* et *Philosophie* seront toujours indissociables et s'il n'est pas philosophe, le dernier des hommes ne sera qu'un animal. Mais, considérant cette tradition, ne croyons pas non plus, idée funeste, que les philosophes n'ont fait que se transmettre des problèmes auxquelles ils ne trouvaient pas de réponses, si bien que la philosophie ne serait éternelle que dans ses questions vertigineuses. Platon a donné des réponses fondamentalement cohérentes, Kant aussi. Et, souvent, ce sont les mêmes, car il n'existe pas un nombre infini de manières de s'orienter dans la pensée. Il n'y a même qu'une seule manière de s'orienter dans la pensée et on peut, avec Kant, l'exprimer en peu de mots : « Le premier devoir d'un philosophe, c'est d'être conséquent ». Etre conséquent ne signifie pas premièrement et essentiellement être logique, au sens vulgaire. Sans doute le gardien de la pensée doit éviter de dire une chose et son contraire, encore que, parfois, cela soit bien nécessaire. Etre conséquent signifie essentiellement : demeurer dans l'honneur, en dépit des plus affreuses difficultés de la réflexion et de la vie, fidèle à sa pensée et à la pensée. Ce fut la leçon que Socrate tira du haut des Cieux. Evidemment le grand malheur consiste en ce que, les fous étant plus nombreux (et de beaucoup !) que les sages, cette leçon ne fut ni entendue, ni comprise. Mais, chacun le sait, nous ne vivons pas dans le meilleur des mondes, mais, tout au contraire dans le plus inconséquent.

*
* *

Si la philosophie, chose si étonnante, est la conception d'un univers sensé, elle ne saurait, sans renier son essence, se définir à partir d'un objet de cet univers ou d'un moment de celui-ci. Ce serait vouloir définir le tout par la partie. La philosophie ne saurait être, par exemple, une théorie de la conscience, car même si l'univers est pour la conscience, la conscience n'est pas l'univers. Et de même la philosophie ne saurait être une théorie de la vie, car la vie n'est pas l'univers et il n'y a d'authentique philosophie que de l'univers. Ne nous égarons pas davantage : ne parlons pas d'une philosophie du sujet, ou d'une philosophie de l'objet, délivrons-nous des prétendues philoso- phies de l'esprit ou du corps, abandonnons la philosophie de la nature, comme celle de l'art et ne parlons que de l'humanité et de la philosophie universelle. Car si l'on retranche de la condition humaines les étoiles, l'homme n'est plus totalement homme et ne pas être totalement homme, c'est n'être rien. Les Anciens disaient que Dieu a tout fait selon le nombre, le poids, et la mesure, ce qui signifiait : tout compte. Et la philosophie trouva là son principe séparateur.

Imperceptible, la séparation est cependant originelle au sein de cette chose mystérieuse qui se nomme philosophie. Socrate parlait fort peu du savoir. Il aimait à répéter qu'il savait qu'il ne savait rien. L'Oracle de Delphes l'avait aussi assuré que par cette pensée il était le plus sage des hommes. *La sagesse n'était pas nécessairement liée au savoir* et, pour parler une dernière fois des étoiles, il pouvait se faire que ne sachant rien de celles-ci, on pût néanmoins les admirer et en cette admiration puiser aux fontaines de la sagesse. Socrate était donc sage, mais ignorant, et il s'en vantait par dessus le marché. On sait qu'il se promena pendant de longues, de très longues années, dans les rues et les ruelles fangeuses d'Athènes afin de convaincre (convaincre n'est pas persuader[1]) ses concitoyens qu'ils ne savaient rien

---

1. Kant distingue justement convaincre (*Ueberzeugen*) de persuader (*Ueberreden*). Convaincre est une bonne chose, car on cherche à conduire autrui, à son point de vue, de bonne foi. Mais persuader est un acte maléfique : c'est

comme lui, mais qu'ils étaient, par delà cette ignorance, conscients de ce qui était honnête et de ce qui ne l'était pas, comme de ce qui était bien et de ce qui était mal. Ignorant, on pouvait être sage. Les discours (il serait bien préférable de dire les *propos* de Socrate) furent sans doute bien moins compliqués que ceux que nous rapporte Platon. Ce dernier ne nous montre Socrate que devisant avec des aristocrates, des nobles, et très souvent il est l'hôte d'un palais magnifique. Mais, bien que Platon n'en ait rien dit (c'est, sans aucun doute, pour cela que Socrate dit de Platon : « Ce jeune homme a bien menti à mon sujet »), ce fut à des cordonniers, à des bouchers, à des coiffeurs, et peut-être aussi à des péripatéticiennes, que Socrate s'adressa le plus souvent. Et il leur répétait, puisqu'ils étaient des êtres humains, qu'on pouvait être sage et bon sans être savant. Ce serait aussi une erreur de croire que Socrate méprisait la rhétorique. Certes il la condamnait tant elle était vicieuse et opposée à la nature humaine, puisqu'elle ne favorisait que l'oppression. Mais il y voyait un très puissant levier politique et social, une force néfaste, qu'on ne pouvait méconnaître en sa puissance. Mais enfin Socrate prétendait être sage et ne rien savoir pourtant et traversant Athènes depuis sa quarantième année, il

par l'abus des mots qu'on arrache autrui à ses convictions pour l'amener à son point de vue.

s'abandonnait, avec toutes ses forces physiques (car il en fallait !) et morales à la *prédication*. En la philosophie il voyait l'exigence d'une action *édifiante*, et instruire signifiait à ses yeux *convertir*. Convertir était, à certains égards, chose mystérieuse, puisque procédant de la philosophie, mais d'un autre côté chose très simple, puisqu'il ne s'agissait que d'amener les hommes à obéir à leur véritable nature, c'est-à-dire la bonté. C'était le sens profond de sa maxime : « Nul n'est méchant volontairement ».

Platon s'écarta de Socrate. Il le suivit certes, dans une certaine mesure, dans ses premiers dialogues. Evidemment, on lui fera toujours le reproche de ne nous avoir montré Socrate que dialoguant avec l'élite de la Cité, par exemple le grand prêtre Euthyphron, ou le général Lachès, ou même l'humble Criton, homme au demeurant fort riche. Mais, peut-être, dira-t-on, il avait raison : Socrate voulait réformer la Cité, ne plus la voir gouvernée par la loi du désir [1] et, bien entendu, la prostituée du coin, même convertie, présentait un fort mince intérêt dans la stratégie socratique. C'est peut-être se faire des illusions sur l'influence d'un général et sous-estimer les bonnes actions d'une fille de joie. Admettons, cependant, que Platon ait raison : il demeure que dès le

---

1. J. Chanteur, *Platon, le désir et la Cité,* Sirey, Paris, 1980.

Ménon, comme des commentateurs aussi autorisés que Natorp le remarquent, il commence à disserter sur le *savoir* dont Socrate ne disait rien, si nous en croyons les humbles et modestes commentaires de Xénophon, sans doute plus proches de la réalité. Naturellement Platon ne pensa pas trahir l'héritage socratique en s'interrogeant sur l'essence du savoir. Il pensait même fonder la sagesse de Socrate en l'appuyant sur la *spéculation*. Et il développa la spéculation avec tant d'ardeur, si nous lisons bien Aristote, qu'il en fit le cœur de la philosophie et l'unique orientation dans la pensée susceptible de préparer l'élaboration de la République, de la *res publica*. En somme Platon voyait dans la *spéculation* le prolongement nécessaire et fondateur de la *prédication* de Socrate. Toutefois les interminables commentaires de la pensée platonicienne firent apparaître le divorce. D'un côté se tenait Socrate, toujours prêt à se défaire de ses extases pour accomplir son œuvre de prédicateur. De l'autre côté se tenait Platon, attaché à la contemplation et à la vie contemplative. Le principe séparateur trouva ici sa puissance. Dans les premiers dialogues de Platon nous trouvons souvent accolés les mots de *science* et *sagesse*. Dans les dialogues plus tardifs ces mots sont séparés. Sans doute la sagesse découle du savoir et inversement, sans sagesse, on ne peut acquérir le savoir – mais, on le sent bien, sagesse et science sont, au moins, deux moments distincts. L'inévitable devait se produire.

L'inévitable, c'était la dissociation, sinon substantielle, du moins tendancielle, s'il est permis de s'exprimer ainsi, de la *prédication* et de la *science*. Tantôt les philosophes firent dépendre la prédication (c'est-à-dire l'enseignement de la sagesse) de la science. Tantôt ils firent dépendre la science de la sagesse. Ou bien c'était parce que l'on connaissait l'univers qu'on pouvait édifier l'homme. Ou bien c'était parce qu'il était convaincu par la prédication que l'homme se jugeait enfin capable de penser l'univers. Les choses allèrent empirant. Certains renoncèrent à la prédication et n'aspirèrent qu'à la science. Citons le plus grand et le plus respecté : Hegel, au début de la *Phénoménologie de l'Esprit* déclare fermement que « la philosophie ne doit pas être édifiante » et son système, en effet, est aussi éloigné de la prédication que le Soleil l'est de la Terre. D'autres crurent que l'humble sagesse était l'absolu. Citons le plus humble et le plus oublié : Massillon, en son admirable sermon sur l'*Emploi du temps* (et est-il chose où la sagesse ne soit pas fondamentalement si indispensable que dans l'usage du temps ?), donne congé au savoir comme à toute science. Le principe séparateur a donc joué : *prédication* ou *spéculation ?* Quelle est la destination du philosophe, et puisque de son œuvre tant de choses dépendent, qu'en est-il de la destination de l'homme ?

On le voit sans peine : il est préférable de parler d'une dissociation tendancielle plutôt que substantielle. C'est que, nombreux furent les philosophes qui tentèrent d'unir lucidement la prédication et la science. Le plus célèbre est, sans doute, Descartes. Il est le prince de la philosophie, comme Gauss fut le prince des mathématiques. Comment intitule-t-il son ouvrage majeur ? *Méditations de première philosophie. Méditations* signifie prédication. Descartes divise son ouvrage de manière religieuse : les méditations sont accomplies en des *journées* qui supposent un itinéraire intérieur, dont surgissent tous les moments exaltant la grandeur de l'homme et la Gloire de Dieu [1]. Mais les mots *première philo-sophie* indiquent clairement que cet itinéraire intérieur se développe au niveau de la suprême *spéculation* [2]. *La querelle* des disciples de Descartes sera éternelle, parce que fondée sur le

1. On sait que cet aspect de l'œuvre de Descartes a particulièrement retenu F. Alquié, cf. *La découverte métaphysique de l'homme chez Descartes*, P. U. F, Paris, 1950.
2. On sait que cet aspect de l'œuvre de Descartes a particulièrement retenu M. Gueroult, *Descartes selon l'ordre des raisons,* Aubier, Paris, 1953.

principe historique séparateur, opposant *prédication* et *spéculation*. Il existe bien une solution, mais on ne saurait la trouver dans les textes cartésiens où, sans cesse, la science s'enchevêtre avec l'édification. Ce que nous lisons dans l'œuvre de Descartes, c'est l'acte de la dissociation tendancielle, qui s'enracine historiquement chez Platon. Et ce que nous lisons, en outre, c'est quel effort désespéré doit accomplir la philosophie pour surmonter ce dualisme de la tendance, pour être absolument et sans sophisme, une prédication savante et une science édifiante. Il ne faut pas attendre des fous, embarqués dans une sinistre nef, où mots et choses sont confondus, une réponse : il faut interroger ceux qui savourent le pain des anges, et, peut-être aussi, leurs humbles disciples.

*
* *

Ecrivant que « l'essence de la religion est dramatique », Feuerbach ne se trompe nullement. Mais l'histoire de la philosophie est bien plus que dramatique : elle est tragique. A travers elle nous pouvons lire les révolutions immenses et profondes qui se produisirent en de vastes esprits, nobles et fiers et justement habités par le sentiment de leur intime grandeur. Encore ignorants, ces esprits étaient déjà soutenus par l'idée qu'ils possédaient un destin et c'est pourquoi, chose très ridicule, pour qui ne sait honorer la pensée, ils conservaient, encore ignorants de leur avenir, tout ce qu'ils écrivaient. Nous possédons, aussi bien, les tout premiers poèmes de Nietzsche, les réflexions du très jeune Fichte sur la mort de Jésus, et c'est ainsi que nous connaissons les plus secrètes origines des grandes pensées. Tous, tant sont nombreux les documents, eurent le sentiment que chaque moment de leur pensée, même enfantin, devait pouvoir subsister en la mémoire des hommes. Vivre, pour le commun des mortels, c'est abandonner, rejeter, et choisir d'une manière destructrice. Mais le philosophe *conserve* tout, avant même de savoir que sa place est en l'Histoire déjà dessinée.

C'est là un sentiment tragique, c'est là gouverner sa vie d'une manière contraire à la vie, qui exige de nous, sans cesse, un choix et nous impose l'abandon. Mais aussi bien l'historien de la philosophie peut-il déceler en ces documents, parfois sommaires, la matrice de la tragédie. Celle-ci s'origine dans une âme, croyant souvent que certaines idées sont vraies, inébranlables, et qui, brutalement, *au détour* d'une page, se voit obligée et contrainte de s'orienter autrement dans la pensée. C'est dire que la philosophie, en sa haute tradition, est tissée et composée de *conversions,* qui, sans doute, d'un certain point de vue, sont illuminées par le bonheur – c'est ce qu'on croit, sans méditer plus longtemps – mais, qui, d'un autre côté sont pénétrées par une abominable détresse, car enfin, cela ressemble à une amputation, et, peut-être même plus, puisqu'au fond cela revient à renoncer à soi, comme à renier son univers. Socrate convertit Platon, qui voulut dans le *Gorgias* donner le récit de cette conversion. Nous avons pu, grâce à de savantes recherches, appuyées par la philologie, *identifier* tous les interlocuteurs de Socrate, qui peuplent les *Dialogues*. Mais personne n'a réussi à *identifier* Calliclès, qui dans le *Gorgias* lutte, avec vigueur et talent, contre Socrate. La personnalité de Calliclès est très séduisante : c'est un jeune aristocrate, intelligent, plein de forces et de ressources. Et, souvent, en ce récit que Platon a voulu interminable, puisqu'il revient, sans cesse, sur ses pas, – ce que les fous appellent des longueurs ! - il ne cache pas ses émotions, ni ses colères. Quant au texte, il doit être lu en profondeur. Derrière l'apparente dispute, on sent le désespoir d'une âme, arrachée par la conversion, non seulement à ses pensées premières, mais encore à son univers. Et alors on ne doutera plus que, derrière l'énigmatique Calliclès, ne se cache Platon lui-même. Aussi le beau discours développe alors tous ses tragiques accents. Il est bien dur de se soumettre. C'est qu'en toute soumission il se trouve quelque sentiment de détresse : on a été vaincu. Recenser ici toutes les conversions qui se sont déposées en l'histoire de la philosophie, serait bien inutile. Elles sont, au demeurant, presque toutes connues. Chacun sait ce que fut la conversion de Malebranche, ouvrant un livre de Descartes, et tombant en pâmoison. Quant à sa vie, elle fut simple : il s'appliqua uniquement à développer en ses vrais principes la pensée de Descartes.

Mais la conversion n'est pas chose simple. Un esprit attaché à la spéculation peut convertir une âme disposée à la prédication. L'inverse peut, naturellement, aussi produire. Et la page magnifique ou l'ébouissant discours peuvent être bien différents. Il peut, aussi, se trouver des étapes. La conversion de Fichte fut, à cet égard, exemplaire. Rien ne semble facile en la révolution qui bouleversa son âme. Toute l'Allemagne parlait déjà depuis longtemps de Kant. Mais, c'était la volonté des dieux, il n'en avait pas lu une ligne. Privé de ressources et d'argent, il osa donner des leçons particulières à un élève sur la *Critique de la raison pure*. Mais, chose à peine croyable, il lut cet ouvrage, qui, depuis, règne sur la pensée de l'Occident, avec indifférence. Il sentit certes que Kant était un philosophe, mais Spinoza lui semblait toujours plus fort et il croyait mieux pénétrer que quiconque cette pensée, qui lui semblait aussi abominable que vraie et en laquelle il découvrait l'irréfutable négation de la liberté humaine, négation dont jaillissait avec une force inégalée le principe du désespoir. Comme, souvent, on ne cesse de manquer d'argent, il s'engagea à poursuivre ces curieuses leçons et à donner une explication de la *Critique de la raison pratique*. Ce fut l'heure de son destin, comme le principe de sa destination en tant qu'homme. Il la lut en une seule nuit. Il existe un document – ici reproduit et commenté – qui nous permet, non pas de sonder en son tréfonds cette nuit admirable et angoissante, mais d'en imaginer les éclairs foudroyants, les sublimes beautés et les inconcevables émotions du génie converti. C'était ce que Nietzsche appellera : *Le minuit profond*. Si le jour est l'espace où le philosophe œuvre à l'élaboration du concept, si, bien souvent la nuit est le plus puissant ennemi de la pensée, il reste vrai que, parfois en l'heure la plus nocturne, le Sens puisse jaillir de l'esprit comme le sang d'une artère ouverte. Dans le document qu'on pourra lire, Fichte commence en écrivant : « Je vis dans un nouveau monde. »

Mais ce n'était pas encore l'étape ultime. Revenant, sérieusement cette fois, à la *Critique de la raison pure*, il découvrit la page éblouissante, renfermant l'essentiel de l'essence, ce par quoi l'essence est essence, c'est-à-dire fonde et rend possible un univers de pensées. Kant, célébrant, au milieu de la *Critique de la raison pure* la pensée de Platon et déclarant que la philosophie transcendantale ne possédait pas une autre *orientation*, avait écrit que l'ambition de la réflexion critique était de dégager « *une constitution ayant pour but la plus grande liberté humaine, fondée sur des lois, qui permettrait à la liberté de chacun de subsister en même temps que la liberté de tous les autres* ». Il ajoutait que rien n'était plus important. Ce fut alors que de l'heure nocturne jaillit dans l'esprit de Fichte l'aurore en sa puissance magnifiante. Il écrivit à Kant, à l'auteur de cette page éblouissante : « *Dann glüht meine Seele von einem grossen Gedanken : die Aufgabe, s. 372-373 d. r. V… zu lösen* », ce que l'on peut approximativement traduire ainsi : « Mon âme brûle d'une grande idée : résoudre le problème posé dans la *Critique de la raison pure,* p. 372-373. »

Et, sans doute, ne concevant, dès lors, l'œuvre spéculative qu'au profit de l'Ethique et voulant que la *science* n'eût d'autre fin que de fonder le droit et la morale (dont l'unité est l'Ethique), Fichte se dirigeait-il vers la *prédication* et l'*édification*. De là surgit une certaine opposition à Kant, assignant, en la philosophie (mais non dans la vie) un primat à la *spéculation* sur la *prédication*. Pourtant leurs pensées se complétaient. De la *Critique de la raison pure,* Kant disait qu'elle ne pouvait être *populaire*. Il voyait en elle une œuvre essentiellement destinée aux savants et ne croyait pas qu'on pût la comprendre sans posséder quelque science. *In summa,* les hommes n'étaient pas assez *intelligents* pour saisir l'Idée critique. C'était une attitude très raisonnable : pour la même raison Platon refusa de rédiger la Théorie des Nombres et des Idées et alla jusqu'à affirmer qu'il n'avait jamais rien écrit à ce sujet. Fichte fut, en un sens plus simple. Il savait bien les immenses difficultés que devait rencontrer le lecteur de la *Doctrine de la Science*, qui, en effet, peut rebuter l'intelligence la plus subtile, la plus pénétrante, mais aussi la plus hardie. Mais il se contenta de dire que si les hommes n'étaient pas capables d'entendre la *Doctrine de la Science*, c'était parce qu'ils n'étaient pas assez *bons* et qu'en eux la tyrannie de l'entendement et de la mémoire avait étouffé l'*imagination* créatrice. Kant, on le verra, dans un *autre* document produit ici, condamna Fichte. Le principe séparateur, qui avait opposé Socrate et Platon, l'un tendant à la prédication, l'autre à la science, accomplit encore une fois son œuvre. Mais, comme nous ne pouvons séparer la science de la sagesse, il nous est fondamentalement impossible de croire que Kant et Fichte vivaient dans des univers différents.

Condamnant l'entreprise de Fichte, Kant fut bien sévère. Mais, ce fut son honneur, il n'attribua pas à Fichte des pensées qui n'étaient pas les siennes, comme le firent aveuglément tant de commentateurs. Il y avait, à cette époque, une idée qui traînait dans les rues : *l'intuition intellectuelle*. Et l'on croyait, déjà, la découvrir partout dans les *Principes de la Doctrine de la Science*. S'il y avait une idée opposée au criticisme de Kant, c'était bien celle-là : Kant ne voulait reconnaître d'autre intuition que l'intuition *sensible*. Mais Fichte, dans les *Principes de la Doctrine de la Science*, ne dit rien de l'intuition intellectuelle. Il n'écrit nulle part ces deux mots magiques. Et Kant, dédaignant les commentateurs, n'en parle pas non plus. C'était, pourtant, le pistolet que chacun eût aimé le voir poser sur la tête de Fichte. Il n'attaque pas non plus l'idée que se fait Fichte de la liberté humaine. Il ne lui fait qu'un reproche : avoir confondu la *science* et la *prédication*, et blâmant l'entreprise de Fichte, il n'en méprise pas l'orientation fondamentale. Pour qui lira et relira la *Lettre ouverte sur la Doctrine de la Science de Fichte,* Kant apparaîtra comme son meilleur interprète et aussi le plus avisé, tant et si bien que par-delà l'opposition *science* et *sagesse* , l'exigence d'une unité se fera toujours plus fortement sentir. Ce fut, d'ailleurs, le sentiment de Fichte : tenté de répliquer, il s'en garda, non seulement parce que Kant avait été précis, exact et honnête en ne lui attribuant pas des idées qu'il n'avait pas exposées, mais encore parce qu'il conservait précieusement le souvenir reconnaissant de cette nuit, infiniment troublante, en laquelle Kant l'avait conduit à pénétrer dans un autre univers. Et puis, ils étaient, au fond, bien d'accord : ce qui les divisait ce n'était ni le réalisme, ni l'idéalisme, ni l'ontologie ni la phénoménologie, encore moins la philosophie du sujet et la philosophie de l'objet, en un mot : rien qui se définit par son objet, prétendu plus important que les autres. De cela ils ne dirent pas un mot. On ne le remarque pas assez.

*
* *

« Prête attention à toi-même », écrit Fichte.

Pourquoi débuter un texte par cette exigence si banale ?

Banal signifie : ce qui est dans la nature des choses, ce que chacun a dû faire, ce qui est ordinaire, ç'est-à-dire dans l'ordre. Ce qui est banal n'est jamais extraordinaire. Mais ce qui est extraordinaire, c'est que nous ne prêtons pas attention à nous-mêmes et que savants, nous n'avons pas la moindre idée de la science et que, possédant aussi un cœur, nous ne le sentons point battre en notre poitrine. La philosophie est alors susceptible d'une définition claire : c'est science et sagesse confondues, ce qui nous échappe, bien que, dans tout l'univers, ce soit la chose ou l'essence la

plus étonnante et la plus précieuse. Ce qui compte
en ceci, ce n'est pas vraiment, comme le croit
Pascal, notre condition d'être mortel, qui, nous
interdisant de faire attention à nous-mêmes, et par
conséquent de méditer la question *Qu'est-ce que
l'homme*?, nous précipite dans le divertissement.
Ce n'est pas même notre finitude où nous lisons les
limites de notre raison. Si nous ne prêtons pas
attention à nous-mêmes, si nous refusons de nous
connaître nous-mêmes, c'est que nous sommes
malheureux comme l'explique Rousseau. Etre
malheureux, c'est ne point être dans l'ordre, ou, si
l'on préfère, être *déraciné*. Les Allemands parlent
à juste titre de *Bodenlosigkeit,* c'est-à-dire
d'absence de sol. Les Russes possèdent un mot bien
plus compliqué et plus profond : весосцеииоsг'.
Mais on ne le traduira pas, et on ne l'expliquera
pas non plus. Evidemment les mots russes sont très
bizarres, et, par exemple, chose inouïe, *pravda*
signifie aussi bien *justice* que *vérité*. C'est
contraire aussi bien à la logique qu'à l'histoire, car
on sait que beaucoup de condamnations ne furent
point fondées sur la vérité. Mais on y trouvera un
sûr avertissement : chercher la vérité philosophique dans les mots, c'est s'exposer à la perdition,
et rien n'est plus intéressant de voir comment la
phénoménologie inaugurée par Husserl, et qui
voulait être un « retour aux choses », s'est, avec
Heidegger principalement, perdue dans une logo-

machie, prétendant, pour son malheur, retrouver
le sens originel de la langue grecque[1]. Croire en
plus que la philosophie ne peut être profonde
qu'en jouant sur les mots compliqués, c'est
s'imaginer qu'on ne peut dire des choses sensées
qu'avec des mots compliqués, et ce fruit de
l'imagination est aussi funeste qu'empoisonné. Et,
très certainement, les mots ne font pas que
troubler notre pensée ; nous écartant de nous-
mêmes, ils nous conduisent même à croire que ce
qui nous sépare du singe, c'est qu'ils ne parlent
pas, tandis que nous parlons – alors que la
différence est tout autre : comme l'a dit Rudolphi
en son *Traité de physiologie* (1745), si les singes

---

1. On peut faire mieux que Heidegger. Le célèbre
Gilles Deleuze en sa *Philosophie de Kant,* explique que
dans le mot de *représentation,* c'est le *re* (indiquant un
mouvement de *retour,* de *réflexion*) qui importe. Mais il
n'y a qu'un malheur : c'est que *représentation* se dit en
allemand *Vorstellung*, et que le préfixe *Vor* signifie *devant,*
si bien que *Vorstellung* veut exprimer l'acte de poser l'objet
devant. Mais, plus encore, G. Deleuze commet une erreur
digne d'intérêt. Il cherche, en son interprétation, à expliquer
une pensée en s'appliquant à un exercice étymologique sur
une traduction. C'est plus et autre chose qu'une erreur ;
c'est un contre-sens de méthode. Il serait de bien mauvais
goût que de l'imiter. On peut toutefois le pardonner, dans
une certaine mesure évidemment, car ce n'est pas lui qui a
ôté ses chaînes au démon de l'étymologie. Quoi qu'il en
soit : moins la philosophie se souciera des mots, mieux elle
se portera. Bergson, dénonçant le verbalisme, avait bien
raison.

n'ont rien à dire, c'est qu'ils ne pensent pas, et si les hommes parlent, c'est qu'ils pensent et ont, par conséquent, quelque chose à dire. Dans le langage (et surtout dans la réflexion sur le langage) notre malheur, qui émerge dans ce silence infini qu'est notre déracinement, disparaît. Parler, et parler sans cesse, c'est ne pas faire attention à soi, ne pas comprendre qu'en la philosophie se trouve notre salut. Faire attention à soi, penser son déracinement, aspirer à retrouver son cœur et sa raison, c'est devenir l'élève de la Reine des sciences. Mais cela ne va pas de soi : car, pour penser son malheur, il faut un certain courage. Aussi bien la philosophie est-elle tout, sauf un divertissement réservé aux consciences distinguées. Et le contraire du divertissement, comme l'avait vu Kant [1], c'est la nécessité et le besoin de l'esprit.

---

1. Kant, *Qu'est-ce que s'orienter dans la pensée ?* tr. Alexis Philonenko, Vrin, 1959, Paris.

Texte 1

Lettre de Fichte à F. A. Weisshuhn (fragment).
Pour le bicentenaire de la conversion de Fichte
à la philosophie kantienne.

1790 (Août-début Septembre)
Gesamtausgabe, IIIe Reihe, I, p.167-168.

Depuis que j'ai lu la *Critique de la Raison
pratique* je vis dans un nouveau monde[1]. Il y avait
des principes[2] que je croyais inébranlables et les
voici renversés devant moi; il y avait des choses
que je croyais ne point pouvoir m'être démontrées, par exemple le concept d'une liberté
absolue[3], du devoir[4], etc.; et elles me sont
démontrées[5], et je m'en trouve d'autant plus
heureux[6]. Ce que ce système peut procurer
comme respect pour l'humanité[7], comme force[8],
est inconcevable[9]! Mais que suis-je là en train de
dire à vous qui devez l'avoir ressenti[10] depuis
longtemps, comme moi[11]! Quelle bénédiction
pour notre siècle, où la morale était détruite en ses
fondements les plus sûrs[12], et le concept de
devoir[13] rayé de tous les dictionnaires[14]: – enfin –

pardonnez-moi, mais si je ne m'abuse, avant la critique kantienne[15], il ne s'est trouvé personne sachant se servir librement de son entendement, qui ait pensé autrement que moi[16] et je ne me rappelle pas d'avoir rencontré quelqu'un capable d'opposer à mon système quoi que ce soit de sérieux[17]. Certes j'ai rencontré bien des personnes vénérables qui *pensaient* non pas autrement, – ils ne le pouvaient absolument pas – mais qui *sentaient* autrement[18]. Ainsi étais-je aveuglé par l'illusoire conclusion et beaucoup sont encore aveuglés[19].

Avez-vous déjà lu la *Critique de la faculté de juger* kantienne ? C'est une Esthétique et une Téléologie et la première vous intéressera doublement, puisque vous êtes occupé par une recherche sur le beau ; – chose évidente, comme tout ce qui vient de Kant, plus clairement et mieux écrit, me semble-t-il, que ses œuvres précédentes[20] et – mieux imprimé ![21]. Avez-vous lu son écrit contre Eberhardt[22] « *sur une vieille critique qui doit rendre superflue toute nouvelle Critique* » ? Cet écrit jette beaucoup de lumières sur la *Critique de la raison pure*[23] et encore plus sur les coups de force et les manœuvres mensongères d'Eberhardt et c'est, par endroits, écrit avec plus d'humour qu'on ne l'aurait attendu de Kant[24]. Mais voilà qu'il promet une métaphysique de la nature et une métaphysique des mœurs[25].

Je me suis à présent jeté tout entier dans la philosophie kantienne : au début ce fut par besoin[26]; je devais enseigner une heure sur la *Critique de la raison pure*; mais par la suite, depuis que j'ai pris connaissance de la *Critique de la raison pratique*[27] ce fut vraiment par plaisir. Un certain Peuker[28] en Silésie a donné une exposition de la Critique de la raison pratique, en même temps qu'une brève réfutation des objections qui lui ont été proposées : en gros c'est un extrait, qui cependant me semble correct; mais qui à vrai dire ne me plaît pas, parce que j'avais plus ou moins le désir de faire quelque chose d'analogue[29]. Il me semble qu'une des raisons de l'incompréhension de la Critique tient à ses fréquentes répétitions, à ses digressions qui interrompent le cours des idées, et je crois qu'elle serait plus facile, si elle était deux fois moins grosse[30].

Texte 2

Lettre ouverte de Kant touchant la Doctrine de la science *de Fichte* [31].

En réponse à la mise en demeure solennelle que m'a faite, au nom du public, l'auteur du compte rendu du *Projet de philosophie transcendantale* de Buhle [32] dans le numéro 8 de la *Gazette littéraire* d'Erlangen du 22 janvier 1799 [33], je déclare ceci: je considère *La Doctrine de la Science* de Fichte comme un système insoutenable [34]. En effet une simple [35] (*reine*) Doctrine de la Science n'est ni plus ni moins qu'une simple *logique* [36], qui avec ses principes ne s'élève pas au-dessus du moment matériel de la connaissance [37] mais au contraire précisément comme *pure logique* s'abstrait du contenu de celle-ci, en sorte qu'en dégager un objet réel est un travail vain et qui pour cette raison n'a jamais été tenté [38]. Au contraire sur ce point, quand il s'agit de philosophie transcendantale [39], il faut commencer par s'élever à la métaphysique [40]. Mais en ce qui regarde la métaphysique conçue selon les principes de *Fichte* [41] je suis si peu disposé à m'y associer[42] que dans une lettre où je lui répondais[43] je lui conseillais de cultiver de préférence son beau talent d'exposition[44] plutôt avec profit à la *Critique de la Raison pure*[45] qu'à des subtilités scolastiques stériles *(apices)*[46], mais il me repoussa poliment avec l'assurance qu'il prendrait cependant garde à l'aspect scolastique[47]. Voici donc la question de savoir si je regarde l'esprit de la philosophie de Fichte comme étant la manifestation d'un authentique Criticisme par elle-même tranchée[48] sans que j'aie besoin de me prononcer sur sa valeur ou son défaut ; comme il n'est pas question ici de l'objet sur lequel on porte un jugement[49], mais du sujet qui juge[50], il suffit que je me désolidarise de cette philosophie[51].

Mais il me faut encore ajouter à cela que le point de vue qu'on me prête et d'après lequel j'aurais seulement fourni une *propédeutique* à la philosophie transcendantale et non le *système* de cette philosophie, m'est incompréhensible[52]. Un tel dessein n'aurait jamais pu me venir à l'esprit puisque, moi-même, j'ai fait du tout achevé de la philosophie pure dans la *Critique de la Raison pure* la meilleure pierre de touche de sa vérité[53]. Comme enfin l'auteur du compte-rendu soutient que ce qui concerne ce que la *Critique* enseigne vraiment au mot près en ce qui touche la sensibilité[54] ne doit pas *être pris à la lettre*[55], mais que tout lecteur qui veut comprendre la *Critique*, doit d'abord s'approprier le *point de vue* convenable (celui de Beck[56] ou de Fichte), parce que la lettre *kantienne* tue aussi sûrement l'esprit que la lettre aristotélicienne[57], j'affirme donc encore une fois que la Critique est assurément à comprendre à la lettre, et à regarder seulement du point de vue du sens commun (*Verstand),* mais à la condition qu'il soit suffisamment cultivé pour de telles recherches abstraites[58].

Un proverbe italien dit : « Que Dieu ne fasse que nous protéger de nos amis, car nous saurons bien veiller nous-mêmes à nos ennemis »[59]. C'est qu'il y a de prétendus amis bien intentionnés envers nous, mais qui dans le choix des moyens propres à favoriser nos desseins, se conduisent de travers (maladroitement), et même parfois malhonnêtement et perfidement et même méditant notre perte sans cesse de tenir des propos bienveillants *(aliud lingua promptum, aliud pectore inclusum gerere)*[60] et desquels, ainsi que de leurs pièges on ne saurait trop se garder[61]. Il reste toutefois que la philosophie critique doit de par son irrésistible tendance à satisfaire la raison aussi bien au point de vue théorique qu'au point de vue pratique[62], se sentir convaincue qu'aucun changement des opinions, aucune amélioration ultérieure ou aucun monument doctrinal autrement conformé ne la menace[63] mais que bien au contraire reposant sur un fondement pleinement assuré, elle est pour toujours fortifiée et même pour tous les temps à venir indispensable aux fins suprêmes de l'humanité[64].

Le 7 août 1799
Emmanuel KANT

Notes et remarques :

A) sur la lettre de Fichte.

1) En ce qui touche le sens philosophique, cf. l'ensemble du commentaire ci-joint. Pour renforcer le sens de cette affirmation, on la situera aussi dans le contexte révolutionnaire de la fête exaltante de la Fédération au Champ de Mars en juillet 1790. Cf. aussi le sous-titre de la *Zurückforderung der Denkfreiheit* : Heliopolis, im letzen Jahre der alten Finsterniss, GA. Ie Reihe, I, p. 167.

2) Manifeste allusion à la polémique de Jacobi et de Mendelssohn au sujet de la doctrine de Spinoza, cf. F. H. Jacobi, *Werke,* h. r. g. v. F. Roth und F. Köppen, Bd. IV, 1/2, p. 216 sq. De cette théorie des principes spinozistes réputés irréfutables, mais affligeants, Fichte et Reinhold, chacun à leur manière, avaient fait la source de leur *désespoir* pré-kantien.

3) *Absolute Freiheit.* Si l'on en juge d'après Eisler (*Kant Lexicon,* New York, 1977, p. 160 sq.) l'expression de liberté absolue n'est pas kantienne. Kant parle plutôt de liberté inconditionnée.

4) Contrairement à ce que l'on suppose, Fichte sait très bien que Kant n'a pas voulu introduire de *nouveaux concepts* (AK. Bd. V, p. 8. note dirigée contre Winzenmann, Kant, *Œuvres philoso-phiques,* éd. F. Alquié, Gallimard (désormais Al.), II, p. 615), mais seulement les *justifier*. L'idée de *devoir* se trouve un peu partout, mais sans fondement. Reste à savoir si la fondation kantienne est bonne.

5) Rédigée *more geometrico,* avec ses *principes,* ses *théorèmes,* la *Critique de la raison pratique* répondait dans une certaine mesure et jusqu'à un certain point à l'idéal de la démonstration spinoziste du jeune Fichte qui éclate dans les *Principes de la Doctrine de la Science.* Mais il a été dupe de Kant qui, par ailleurs, avait distingué la démonstration mathématique et la démonstration philosophique. Cf. Alexis Philonenko, l'*Œuvre de Kant,* T. I, 1ère partie. Sur le jugement de Kant concernant la démonstration logique de la *Doctrine de la Science,* cf. J. G. Fichte, *Œuvres choisies de philosophie première,* 3e éd. (Alexis Philonenko) Annexe. Quoi qu'il en soit la *croyance* ne pourra jamais valoir que pour et par le *savoir* chez Fichte qui repoussera la théorie de Jacobi concernant la *foi* (sur ce point, voir aussi dans mon *introduction* à mon édition de *Foi et savoir* de Hegel la section consacrée à Jacobi).

6) La philosophie n'est pas, pour Fichte, un art indifférent ; c'est vraiment un art de vivre qui élève ou abaisse l'âme selon qu'on se forge ou non

une haute idée de la liberté et de la moralité. C'est aussi une action par où l'on *s'engage*. Cf. Alexis Philonenko, *La liberté humaine dans la philosophie de Fichte,* Introduction.

7) L'idée de respect pour l'humanité se trouve chez les jusnaturalistes comme Pufendorf (*De Officiis*) ou Burlamaqui (*Eléments du droit naturel*). La vraie source est à chercher chez les romanistes, dans le *Corpus iuris civilis,* dont Feuerbach dit, dans une note détachée, que c'est la seconde Bible de l'Occident.

8) *Kraft* signifie ici la force morale ; cet usage du terme n'est pas fréquent chez Kant. Il est conforme à un certain aspect du caractère que Fichte a voulu donner de soi et qui a pu entraîner Xavier Léon, par exemple, son meilleur biographe, en maintes erreurs. Mais ici le sens n'est pas équivoque.

9) Ici le sens peut être double. D'abord il y a le sens manifeste : la doctrine de Kant procure à la moralité, dont elle donne la forme, une force inconcevable. Ensuite il y a le sens caché qu'on peut éclairer en partant des critiques adressées à Kant à la fin de la lettre : peut-être qu'avec toutes ses redites, ses digressions, en un mot son écriture confuse Kant n'a-t-il pas compris sa propre philosophie ? On pourrait dès maintenant poser le principe herméneutique de la première *Doctrine de la Science* : comprendre Kant mieux qu'il ne s'est compris. C'est ce que fit Fichte selon Bühle qui regardait Kant comme l'*inventeur* de la

philosophie transcendantale, Reinhold comme son *propagateur*, et Fichte comme le premier *Philosophe transcendantal* (AK. Bd. XIII, p. 542).

10) *Sie es längst werden empfunden.* La traduction ici proposée est littérale. On pourrait aussi proposer : *comme vous devez en avoir fait l'expérience.* Pour Fichte le Kantisme est d'abord une *expérience vécue,* cf. ici la note 6. C'est en ce point que H. Cohen accuse Fichte de *psychologisme.* (*Kants Begründung der Ethik*, Berlin 1910, p. 288 sq). L'objection serait irréfutable si l'on ne pouvait montrer que cette expérience vécue sera doublée par une *démonstration rigoureuse.* Il demeure que chez Fichte la connexion de la vie et de la spéculation est une difficile question. L'auteur de la *Doctrine de la Science* s'est défendu de tout psychologisme ; entendons par là que la psychologie n'est jamais une instance décisive dans la spéculation.

11) Cette expression n'est pas anodine. Elle recouvre plusieurs sens. En premier lieu émerge l'idée que se fait Fichte d'être en quelque sorte un homme exemplaire, un miroir vivant de son temps, représentatif de tout ce qui peut advenir. En second lieu le *noble* Weisshuhn *ne peut pas,* sinon ce ne serait pas l'ami de Fichte auquel celui-ci écrit cette lettre où il décrit la révolution de *son âme, ne pas avoir éprouvé un bouleversement en lisant Kant.* Fichte se représente la révolution sienne à la lecture de la *Critique de la raison*

pratique comme une révolution devant s'opérer dans toute *âme bien née.*

12) Allusion manifeste au *Pantheismusstreit.* Cf. pour une première approche, Kant, *Qu'est-ce que s'orienter dans la pensée?* (éd. Alexis Philonenko, introduction, Vrin 1959). Triomphant du rationalisme étroit de Moses Mendelssohn et arrachant la *moralité* à la sphère de la *rationalité,* Jacobi ébranlait la morale en ses fondements les plus sûrs. De là venait la nécessité d'une ré-activation de *l'élément spéculatif* pour trouver un nouvel équilibre de la *totalité existentielle*... Et c'est ce que Kant a fait en écrivant la *Critique de la raison pratique.* Cf. ici le Commentaire ci-joint. Dans la *Bestimmung des Menschen,* Ie Theile, *Fichte partira d'une totalité existentielle déséqui-librée au profit d'un élément spéculatif,* livré à lui-même, et tournant à la perversion du spinozisme, *où par l'idée de nécessité les plus sûrs fondements de la morale ainsi que l'idée de liberté absolue* sont ruinés et l'on sait comment l'intelligence montrera qu'elle n'est rien sans la *croyance* et n'est que *pour la croyance.*

13) Dès le point de départ, dès *l'expérience vécue* de la philosophie transcendantale, Fichte fonde sur le concept de *devoir* son système. Il n'a jamais eu l'idée que lui prête Hegel (voir mon édition de *Foi et savoir, introduction,* §. 5) de partir d'une totalité purement *spéculative* et de lui substituer le concept de *devoir-être* comme

remplaçant l'*être*. On devrait toujours traduire le *Sollen* par le *devoir en général*.

14) Affirmation naturellement purement *métaphorique*. Elle exprime le sentiment de déception qu'éprouvait Fichte par rapport à la vie éthique et culturelle de l'Allemagne de son temps. Cf. Xavier Léon, *Fichte et son temps* (A. Colin, 1954) T. I. Il en restera des traces dans les *Traits caractéristiques du temps présent,* SW (I. Fichte). Bd. VII, p. 9 sq. L'effondrement de la Révolution française (nullement prévisible en 1790 au lendemain de la fête de la Fédération) dans le césarisme devait renforcer ce sentiment, qui ne put toutefois diminuer l'espérance fichtéenne, cf. Alexis Philonenko, *L'Œuvre de Fichte* (Vrin 1984) p. 154 sq.

15) Affirmation de *l'historicité* de la doctrine kantienne. Au fond Fichte rejoint une des pensées les plus profondes de Kant : il n'y a pas une *histoire de la philosophie* préparant au criticisme ; on va de l'erreur à la vérité et l'erreur n'est qu'un tas de ruines fumant. Sur cette thèse, cf. Martial Gueroult, *Etudes d'histoire de la philosophie allemande,* New York, 1977. Sur *histoire, historialité, historicité,* cf. Alexis Philonenko, *La théorie kantienne de l'histoire* (Vrin 1986), dernier chapitre. Cf. aussi du même, *Le transcendantal et la pensée moderne, l'émergence de l'idéalisme allemand* (Epiméthée, Paris, 1990).

16) Quel que soit le plan sur lequel il se place Fichte a le sentiment de *penser parfaitement* ; il est

conséquent («le premier devoir d'un philosophe, lira Fichte dans la *Critique de la raison pratique,* c'est d'être conséquent»). Que ce soit dans l'erreur ou dans la vérité il pense de manière ultime et naturellement il ne pense pas seulement en termes spinozistes, mais il fait *l'expérience du spinozisme.* De là l'authenticité de son *désespoir* par rapport à celui d'un Reinhold qui ne réussit pas à dépasser la sphère de la mauvaise *intellectualité* et qui ne se prolonge pas dans le vécu. Fichte est donc capable des plus grandes peines et des plus grandes joies. C'est un aspect réel de son caractère émotif. Cf. *La liberté humaine dans la philosophie de Fichte,* Introduction.

17) Nous ne possédons pas ce *système.* Mais il a très bien pu exister, d'après les notes précédentes, à titre d'*état d'âme* et de *disposition morale* parfaitement réalisés. Fichte n'a jamais entendu une réfutation sérieuse du spinozisme, que deux concepts *démontrés* (comme chez Kant) *liberté absolue* et *devoir* suffisent à renverser. Précisons que Kant (qui n'a jamais voulu prendre connaissance du spinozisme, car, disait-il «il avait assez à faire avec son système») n'a réfuté qu'*indirectement* l'*Ethique,* tandis que Fichte dans les *Principes de la Doctrine de la Science* l'a réfutée *directement* comme simple *réalisme qualitatif.*

18) La totalité existentielle (cœur et entendement, *Kopf & Herz*) peut être en contradiction : on peut avoir des sentiments (liberté, devoir, etc) en apparence inconciliables avec ce que l'on pense.

Avant Kant, déclare Fichte, cette situation insoutenable était la seule possible. La *Doctrine de la Science* est conçue pour dépasser cette contradiction existentielle et de ce fait elle est une *prédication logique*, s'adressant aussi bien au cœur qu'à l'intelligence. C'est dire que sans intelligence on ne peut pénétrer la W-L, mais que sans cœur on ne le peut pas non plus. C'est ici que s'enracine la problématique de l'*imagination*, synthèse du cœur et de l'entendement.

19) Ici s'indique la *force de l'illusion*. La stratégie kantienne est ici *directe :* on établit la carte de l'île de la vérité et ensuite on navigue sur l'océan de l'illusion transcendantale. Le danger de cette stratégie est évident : on peut toujours penser qu'une erreur n'a pas été réfutée. La stratégie fichtéenne sera *indirecte*. Puisque l'illusion est universellement répandue, on partira de son énoncé sous la plus haute forme, puis l'on montrera comment elle se décompose progressivement avant d'atteindre le sol de l'imagination transcendantale, principe de toute conscience authentiquement libre et capable par conséquent de répondre au devoir avec une spontanéité totale. Pour l'exposé général de cette stratégie, cf. *La liberté humaine dans la philosophie de Fichte.*

20) Comment peut-on dire que Kant n'écrivait pas bien et que la *Critique de la faculté de juger* (œuvre tardive de l'aveu de Kant lui-même rédigée sans toutes les puissance de son esprit) était supérieure ? Kant a montré de telles forces de

précision dans l'écriture dans la *Critique de la raison pure* selon certains (Vaihinger) qu'on a pu parler d'un *style de chancelier*. Mais le *traducteur* de Kant s'aperçoit vite que la *Critique de la raison pure,* livre écrit en allemand, est pensé en latin. De là un malaise certain. La *Critique de la faculté de juger* paraît supérieure parce que c'est *le premier livre de Kant pensé en allemand et écrit en allemand.* Pour assurer ce point de vue on lira avec intérêt les traductions de Born, *Immanuelis Kantii Opera ad Philosophiam criticam,* Lipsiae, MDCCLXXXXVI. 4. vol. Born est plus à l'aise dans la *Critique de la raison pure* que dans la *Critique de la faculté de juger.*

21) Selon Fichte, il y a moins de fautes de typographie. Kant n'a cependant pas changé d'éditeur. Peut-être cela s'explique-t-il par la note précédente.

22) Cet écrit, comme chacun sait, trace la ligne de démarcation entre le leibnizianisme et la *Critique.*

23) Jamais Fichte ne s'est pourtant *expressément* reporté à ce texte dans les *Principes de la Doctrine de la Science.* Il est vrai qu'il appartenait à une époque où le philosophe ne se croyait pas obligé de citer un passage d'un ouvrage. On peut déduire de cette indication cependant qu'à la différence de la *Critique de la raison pratique,* du moins selon le fragment de lettre ici étudié, la *Critique de la raison pure* était obscure et dans tous les cas n'emportait pas l'adhésion. Jamais

Fichte n'a dit que la *Critique de la raison pure* l'avait *converti*.

24) Cet humour (*Witz*) ne peut s'expliquer, dans une perspective fichtéenne, que par le *sentiment de supériorité* qui habitait à bon droit Kant. On peut épiloguer à partir de cette remarque sur l'image que se faisait Fichte de la personnalité de Kant. Il assista à ses conférences et, comme le rapporte Xavier Léon, nota qu'il était ennuyeux. (op. cit, T. I, p. 101).

25) Cf. Commentaire ci-joint. En ce qui concerne la *Métaphysique de la nature* Fichte commet une erreur. Preuve qu'il n'avait pas lu les *Premiers principes métaphysiques de la science de la nature*. Mais preuve aussi qu'il avait bien vu que le criticisme compris dans les trois *Critiques* appelait d'une part une métaphysique de la nature et d'autre part une métaphysique des mœurs.

26) *Anfangs aus Noth* . L'expression est assez forte ; elle ne possède toutefois pas la signification philosophique qui est la sienne dans la lettre à Jacobi du 30 août 1795 (cf. *La liberté humaine dans la philosophie de Fichte*, p. 60-61). C'est la simple expression du *besoin*.

27) Jugement empirique sur la différence entre la *Critique de la raison pure* et la *Critique de la raison pratique*. La première tira Fichte d'embarras (sans plus !), la seconde produisit chez lui un sentiment exaltant. *Il est vraiment juste de*

dire que *Fichte est parti de la Critique de la raison pratique.*

28) Peuker, Johann Gottlieb, 1764-1830, *Darstellung des Kantischen Systems nach seinen Hauptmomenten zufolge der Vernunftcritik, und Beantwortung der dagegen gemachten Einwürfe. Besonders zum Gebrauch akademischer Vorlesungen,* Grottkau und Leipzig, 1790. Le nom et le lieu de la maison d'édition expliquent comment Fichte qui écrivait de Leipzig a pu avoir connaissance de cet écrit mineur et il ne fait pas, ce faisant, étalage d'une érudition insensée acquise en quelques jours.

29) Cf. GA. IIe Reihe, I, p. 295 sq.

30) Il y a en réalité trois valeurs : exposé court, exposé profond, exposé facile. Jamais Fichte ne parviendra à les réunir. Les *Principes de la Doctrine de la Science* composent un écrit court et profond, mais très difficile. La *Destination de l'homme* est un écrit court et facile, mais non pas profond. L'exposé qui comprendrait ces trois valeurs unifierait la philosophie *populaire* et la *spéculation* la plus hardie. C'est ici la quadrature du cercle en lesquels se meuvent tous les exposés fichtéens.

B) sur la lettre de Kant.

31) Cet important écrit de Kant a été excellement traduit par Jacques Rivelaygue dans le Tome III des *Œuvres philosophiques de Kant,* éd. Alquié, Gallimard, Pléiade, p. 1211-1212. Dans la version ici donnée on s'appuie sur l'édition des œuvres de Kant, publiée par les soins de l'Académie des sciences de Prusse (=AK) Bd. XII, p. 370-371.

32) Dans ce compte rendu on pouvait lire en effet : «*Kant* est le premier qui ait *enseigné (der erste Lehrer)* la philosophie transcendantale et *Reinhold* est le premier *propagateur* de la doctrine critique, mais incontestablement c'est Fichte qui est le premier *Philosophe Transcendantal. Fichte a réalisé* le plan esquissé dans la Critique et il a conduit à son terme systématiquement l'idéalisme transcendantal projeté par *Kant.* On voit donc combien est légitime le vœu du public de voir le créateur de la Critique s'expliquer publiquement sur ce qui touche l'entreprise de son noble élève, sur le créateur de la Philosophie-transcendantale». Ce compte rendu fut publié à Göttingen en 1798. Un peu tardive, la réponse de Kant laissera planer un doute : n'a-t-il pas quand même voulu accabler Fichte aux prises avec l'accusation

d'athéisme ? Nous estimons que telle ne fut pas la pensée de Kant, cf. le commentaire ci-joint.

33) Pour des raisons de correspondance entre citations j'en suis venu à préférer le terme de *Gazette* à celui de *Journal*.

34) Il va de soi que Kant ne prend ici en considération que les *Principes de la Doctrine de la Science* proprement dits. Il n'envisage pas le *système* fichtéen en sa totalité (Système du droit, Système de l'éthique). Personne ne s'y est trompé. On peut faire deux remarques. D'une part, comme je l'ai clairement montré dans L'*Œuvre de Fichte*, Fichte lui-même en est venu (créant bien des difficultés et même des non-sens) à identifier le système et la fondation du système. D'autre part même au niveau du droit et de la morale (sciences appliquées) les oppositions entre Kant et Fichte sont nombreuses.

35) Kant écrit : «...*reine Wissenschafts-lehre*» (AK. Bd. XII, p. 370, 118). Traduire ici *rein* par *pur* pourrait paraître posséder une valeur philosophique, alors que Kant veut seulement dire : une Doctrine de la Science qui n'est que... qui n'est rien d'autre que, etc...

36) *Critique de la la Raison pure,* AK. Bd. III, p. 77, *Œuvres philosophiques* (éd. Alquié, Bibliothèque de la Pléiade) T. I, p. 814 et suiv.

37) Le texte de Kant est le suivant : « ...*nicht zum Materialen der Erkenntnisses* ». Jacques

Rivelaygue traduit : *« jusqu' aux matériaux de la connaissance »*. Nous pensons qu'il convient d'écarter l'idée de diversité introduite par le traducteur cité et de concevoir ce qu'il y a de matériel dans notre connaissance comme un tout, et c'est à la raison qu'il revient de démêler cette totalité pour l'articuler suivant les grands principes de l'entendement. On conviendra qu'il y a là un *distinguo* qui dépasse le cadre ouvert par une simple lettre publique.

38) On remarquera que Kant situe la faiblesse de la *Doctrine de la Science* dans son point de départ *logique*. Dans *La liberté humaine dans la philosophie de Fichte* (2e éd, Vrin, 1980) j'ai montré que l'approche *dialectique* pouvait fournir des résultats intéressants. Après Kant, Hegel dénoncera avec autant d'acharnement que d'incompréhension le *formalisme* fichtéen, cf. *Foi et Savoir,* éd. A. Philonenko – Cl. Lecouteux. Cf. R. Lauth, *Hegel critique de la Doctrine de la Science de Fichte,* Vrin 1988, et mon compte rendu dans les *Archives de philosophie,* 1989.

39) Cf. M. Heidegger, GA, Bd. XXV, p. 64 qui parle ici de «philosophie transcendantale» en la séparant de la *Critique de la Raison pure* comme *metaphysica generalis. Mais dans cette lettre au public* Kant semble souvent avoir en vue l'ensemble des disciplines philosophiques (droit, morale, métaphysique de la nature, etc.). On se

reportera au schéma très précis donné par Heidegger, *ibid*, p. 65.

40) *Métaphysique* signifie ici, comme le veut Heidegger, *Critique de la Raison pure* comme fondement. Kant donnera dans la *Critique de la Raison pure* (p. 841 A, 869, B, AK. Bd. III, p. 543 et suiv.) des définitions de la métaphysique qui ont fondé des interprétations fondamentalement divergentes, faisant tantôt de la seule *Critique de la Raison pure* la métaphysique, tantôt de l'ensemble du savoir *a priori* la métaphysique. Ici, manifestement, par *métaphysique,* il désigne la *Critique de la Raison pure*. On connaît bien la définition recueillie dans le cours de Kowalewski : « En ce qui concerne le nom de métaphysique, il ne faut pas croire qu'il soit né au hasard : car comme la nature s'appelle *physis*, mais que nous ne pouvons atteindre à des concepts de la nature que par l'expérience, la science qui lui fait suite s'appelle métaphysique (de *meta, trans* et *physica*). C'est une science qui se trouve pour ainsi dire en dehors du domaine de la physique, au-delà d'elle ». Très célèbre, ce texte n'est pas très convaincant : il reste vrai que l'ensemble des traités composant le livre XII de la *Métaphysique* désigne bien les écrits trouvés après les réflexions sur la physique et que par là s'explique le *meta ta physika*. – Kant a dit aussi que la *Critique de la Raison pure* n'était qu'un *traité de la méthode* et il l'a opposé à l'ensemble du savoir regroupé sous le

titre de *système* (*Critique de la Raison pure,* 2ᵉ éd,
B, p. XXII.) De ces définitions une seule certitude
émerge vraiment : comme *traité de la méthode*
l'œuvre transcendantale est finie *dans* la *Critique
de la Raison pure,* mais comme *système* (physique,
droit, morale, etc.) assurément non.

41) Jacques Rivelaygue soulève une question
délicate (cf. le commentaire ci-joint) : Kant a-t-il
condamné Fichte sans l'avoir lu ? A notre avis il a
cherché dans les premières pages la notion
d'*intuition intellectuelle* dont tout le monde parlait
et pour Kant c'était en quelque sorte le pistolet
posé sur la tête de Fichte. Mais il n'a rien trouvé
hormis des pages qui lui parurent d'un tel vide
logique qu'il était impossible de persévérer dans la
recherche avec Fichte (ce qui lui aurait fort
répugné), il s'en est tenu à ce tas, si l'on ose dire,
d'*absurdités logiques* ; c'était, dans son esprit,
bien suffisant pour condamner Fichte, qui avait
commis la faute majeure d'utiliser la logique
générale comme *organon. Il est évident que par
« métaphysique de Fichte »,* Kant désigne seulement les *Principes.* On se reportera naturellement
à la lettre à Tieftrunk, du 5 avril 1798, AK. Bd.
XII, 3, 279. Les éditeurs de la correspondance de
Kant dans AK. Bd. XIII, p. 544-545, examinent
avec soin l'idée que Kant ne connaissant pas Fichte
aurait été conduit à le condamner, cédant à une
pression extérieure, mais jugent cette hypothèse
invraisemblable et donnent des exemples tout-à-

fait similaires dans la technique de Kant face à ses
adversaires : il lui suffit en somme de voir une
roue du carosse brisée pour s'en débarrasser tout
entier. Cf. la lettre de Pörschkes à Fichte du
14 mars 1797.

42) Kant pouvait savoir, en effet, qu'il y avait
chez Fichte l'idée d'une communauté des savants,
idée seulement irréalisable en raison de la
mauvaise éducation qui tuait les facultés (entendement, mémoire, imagination) réciproquement
chez la plupart des hommes, cf. ici, 49 et suiv. Là
encore se pose la question de ce que Kant a lu de la
Doctrine de la Science. Les éditeurs de l'AK
rappellent que Fichte croyait que Kant avait lu la
Seconde Introduction à la Doctrine de la Science.
C'est peu probable : de ce que découragé par la
première version de la *Doctrine de la Science,*
qu'il avoue, en effet ne pas avoir lue (au sens où
lire est *étudier),* Kant soit passé à la *Seconde
Introduction,* il y a un pas qu'on ne saurait
franchir. Au demeurant dans sa lettre à Tieftrunk
Kant ne parle que d'*un* livre. L'hypothèse d'une
lecture de la *Seconde Introduction* repose toute
entière sur le fait que Kant, en cette lettre, ne parle
plus seulement de la *logique,* mais de la *conscience
de soi* (AK. Bd. XII, p. 241).

43) Fichte, GA, IIIe, Bd. 1, p. 408, lettre de
Kant du 12 mai 1793. La lettre de Fichte à laquelle
Kant fait allusion est celle du 2 avril 1793 (GA,
IIIe, Bd. 1, p. 389 et suiv.) J'ai traduit le passage

essentiel dans *Théorie et praxis dans la pensée morale et politique de Kant et de Fichte en 1793*, appendice du ch. IX (La date indiquée d'après Schulz et Cassirer est erronée).

44) Kant doit penser ici à la *Versuch einer Kritik aller Offenbarung* (cf. tr. J.-C. Goddard, Vrin).

45) Dans sa lettre du 2 avril 1793, encore mal remis de son désaccord avec Kant dans les questions politiques, Fichte se proposait de reprendre le problème éthique en partant du célèbre passage où Kant salue avec respect la *République* de Platon. Cf. Alexis Philonenko, *Théorie et praxis...*

47) La réponse de Fichte à laquelle Kant fait allusion est peu tardive : elle date du 1er janvier 1798, date à laquelle l'ensemble des textes ici traduits sont déjà publiés. En gros Fichte répond que son désaccord avec les philosophes allemands garantit que son système n'est pas scolastique. Sans renoncer à voir Kant s'accorder avec lui, il se dit peiné des critiques de Bouterwerk et conclut en affirmant combien il attache de prix à l'exposition. Ecrivant cette lettre Fichte redoutait-il déjà le désaveu de Kant ? Il est permis de le penser.

48) Où en était donc Fichte selon Kant ? Il était retourné du criticisme à la philosophie de Wolf. En effet Wolf était réputé pour s'être perdu dans la scolastique ; il représentait pour ainsi dire

à lui tout seul la pensée dogmatique dont s'était affranchi le criticisme kantien. Il est à noter qu'en ce sens on fit souvent à Kant lui-même le reproche d'être demeuré le disciple de Wolf. Celui qui, en ce sens, fut le plus virulent se trouva être Schopenhauer. On peut voir comment cela se produisit dans le texte *Schopenhauer critique de Kant* que j'ai inséré dans mon recueil d'études d'histoire de la philosophie : *Le transcendantal et la pensée moderne,* PUF, 1990. On interprète parfois autrement la lettre de Fichte : il dirait qu'il doit encore travailler le point de vue scolastique, mais qu'il n'en a plus pour très longtemps. Au point de vue de Kant ces deux lectures aboutissent à une même conclusion : Fichte est scolastique.

49) Par exemple une question comme la peine de mort qui oppose Kant et Fichte. Kant entend donc se placer uniquement au point de vue méthodique. Un penseur comme Bergson estimera qu'une méthode détachée des faits et des problèmes qu'ils suscitent est en soi stérile et peut conduire à des contre-sens.

50) Après H. Cohen (*Kants Théorie der Erfahrung,* Berlin 1918) j'ai proposé dans mon *Œuvre de Kant* de considérer le sujet qui juge comme étant *la science elle-même* développée dans ses structures fondamentales. Par là est écartée toute définition *psychologique* ou simplement *logique* du sujet et l'on voit bien ce qui sépare Kant et Fichte. Il conviendrait cependant d'apporter

d'un point de vue fichtéen beaucoup de corrections à cette note. En effet l'idée du sujet chez Fichte ne se laisse pas enfermer (comme je l'ai montré dans L'*Œuvre de Fichte*) dans les limites de ce monstre philosophique qu'est *l'idéalisme subjectif* inventé par Schelling. Ce qui est vrai c'est que l'intersubjectivité que voulait fonder Fichte se développait au niveau de la doxa. Cf. *La liberté humaine dans la philosophie de Fichte.*

51) Du point de vue de la *science,* se désolidariser est en réalité une condamnation et personne ne s'y est trompé. Cf. Alexis Philonenko, *L'Ecole de Marbourg.*

52) On a indiqué dans les notes précédentes : – a) la définition de la *Critique de la Raison pure* et on a donné une référence à l'interprétation de M. Heidegger, très opposé à Fichte (qui, à ses yeux, a commis une erreur d'interprétation *métaphysique*) mais qui reconnaît que c'est seulement avec peine qu'on peut voir dans le *traité de la méthode* qu'est la *Critique de la Raison pure* le *système,* car il est indubitable que Kant a opéré une séparation ; voir dans le présent volume, p. 39 ; – b) l'attitude que Kant, au niveau *populaire,* désire voir adopter : considérer son œuvre en totalité. – c) Une question demeure, jamais posée, toujours ouverte : *le système kantien est-il un univers clos ou une totalité ouverte susceptible d'élargissement ?* L'idée d'un

criticisme systématique et ouvert était l'idéal de L. Brunschvicg.

53) L'auteur du compte rendu de Bühle trouvait extraordinaire la position kantienne tendant à assimiler méthode et système.

54) La question de la sensibilité est importante. Fichte est revenu de l'Esthétique transcendantale de Kant aux positions de Leibniz. Cette divergence est aussi grave que celle portant sur le sens de la logique. Cf. *La liberté humaine dans la philosophie de Fichte*. Intellectualiser les structures de l'Esthétique transcendantale a pour directe conséquence la négation de l'*Amphibologie des concepts de la réflexion* et, du même coup, la destruction de toute *L'Antithétique de la Raison pure*. L'insistance de Kant est très compréhensible. Kant aurait pu partir de ce point, mais il supposait une *Auseinandersetzung* avec la philosophie fichtéenne descendant dans le détail. Notons que l'Ecole de Marbourg n'a pas cru trahir la pensée de Kant en supprimant à son tour l'intuition et toute la sensibilité dans *le logique*. Et inversement, comme il le dit explicitement, c'est en revenant à la théorie de la sensibilité que Heidegger a cru dépasser Cohen, Natorp et Fichte.

55) Voir dans le présent volume, p. 61, note 39 et le commentaire ci-joint.

56) Beck, auteur d'un ouvrage intitulé *L'unique point de vue d'après lequel le système*,

etc, et d'*Extraits explicatifs des écrits critiques de Kant* (1793), est sévèrement jugé. Kant connaissait ses limites. Dans une note posthume, dont se sert, très bien, Heidegger, Kant explique que Beck, « son meilleur élève » ne comprend pas le schématisme transcendantal. Sur le schématisme transcendantal, cf. *Études kantiennes (Ire étude, reprise dans la revue espagnole* Agora, *et le texte Cassirer lecteur et interprète de Kant, Actes du Colloque Cassirer, Université de Paris X,* 1988).

57) On trouvera dans le commentaire ci-joint quelques considérations opposant le souci scientifique de Kant au souci de conversion de Fichte et par là tout est dit. Sur cette phrase précise on pourrait encore ajouter deux commentaires. L'attachement de Kant à la lettre de son exposé doit être comparé à l'attachement du mathématicien à une formule dans une équation très composée. Ensuite dans *La Religion dans les limites de la simple raison* (tr. Alexis Philonenko, éd. Alquié, Pléiade, T. III) Kant a très bien montré qu'il savait ce que coûte le dogmatisme de la lettre. Quant à Fichte sa formation pastorale a joué un rôle éminent dans la formation de sa pensée.

58) Observation assez subtile. D'une part si le point de vue du sens commun suffit, tous ces messieurs les philosophes sont priés d'évacuer les lieux. Mais d'autre part comme il ne s'agit pas de tomber dans *une philosophie populaire* au sens de Mendelssohn, on demande à ce cher entendement

de se cultiver. Il peut débuter par des écrits très simples comme *Qu'est-ce que s'orienter dans la pensée?* de là s'élever aux *Fondements de la métaphysique des mœurs* et, qui sait, parvenir à la *Critique de la Raison pure.*

59) «*Dagli amici mi guardi Dio, che dai nemici mi guardero io*», cf. *Raccolta di proverbi toscani nuovamente ampliata da quelle di Giuseppe Giusti e publicata da Gino Capponi,* 4ᵉ éd, Firenze 1893, p. 130.

60) Salluste, *La conjuration de Catilina (C, 10, 5).* D'après les éditeurs de AK, Bd. XIII, p. 545, la phrase exacte est : «*aliud clausum in pectore, aliud in lingua promptum habere*» (avoir une pensée cachée au fond du cœur, une autre sur les lèvres). Toujours d'après AK. Bd. XIII Kant utilise ce texte in Bd. VI, p. 429. En dépit de la violence de l'attaque (c'est là, comme on le note dans le commentaire ci-joint, que Kant introduit la notion d'ennemi) Fichte a répondu avec beaucoup d'équanimité (A. L. Z, Nr 122, 28 Sept 1799, spécialement 930-932).

61) La violence de l'attaque est dépourvue de mesure. *Jamais* Fichte n'a prétendu écarter la *Critique de la Raison pure* et sa *lecture.* Toute la *Seconde Introduction à la Doctrine de la Science* montre que, dans son esprit, comprendre la *Doctrine de la Science* était aussi revenir à Kant. Que maintenant Fichte ait désavoué la notion de chose en soi *sous la forme barbare* que lui prêtait

par exemple F. H. Jacobi, c'est une évidence qu'il ne faut pas nier et qui plaiderait plutôt en faveur de Fichte.

62) Cette allusion à la *Critique de la Raison pratique* à l'intérieur de la philosophie transcendantale conçue comme système n'apporte rien qu'un argument rhétorique à la démonstration de Kant qui s'est constamment placé sur le plan de la *metaphysica generalis.*

63) J'ai consacré, à la fin de mon livre *La théorie kantienne de l'histoire,* tout un chapitre (intitulé *De l'histoire de la philosophie*) expliquant le rapport que Kant établissait entre son système philosophique et l'histoire. En gros, deux positions étaient possibles. Ou bien déclarer qu'avec la *Critique* le début en même temps que la fin de l'histoire de la pensée étaient atteints – ou bien déclarer achevé le *Traité de la méthode,* ou *Critique de la Raison pure,* et promettre l'édification d'un immense système comme *science systématique.* Manifestement c'est la seconde vue qui répond aux faits, car l'entreprise de l'*Opus postumum* n'a de sens que dans cette perspective.

64) On ne peut s'empêcher de s'étonner de voir Kant, d'habitude si modeste et toujours soucieux de limiter la *Critique* pour lui assurer un avenir certain, entonner un hymne triomphal destiné à son œuvre. Mais Fichte ne sera pas plus modeste, Hegel non plus, Bergson encore moins. *Le grand philosophe croit toujours qu'il a conquis*

l'avenir de la pensée et sans cette croyance, qui nous paraît démesurée, *il n'est pas un grand philosophe.*

Commentaires :

A) Sur la lettre de Fichte :

*Un bicentenaire, ou commentaire de la lettre à
Weisshuhn de septembre 1790.
Comment Fichte fut convaincu par la philosophie
de Kant il y a exactement deux siècles*

Dans le tome 1 de *Fichte et son temps*[1],
Xavier Léon n'a cité que la toute dernière partie
de cet important fragment de lettre, lettre adressée
à Weisshuhn, ami de Fichte et du même âge, c'est-
à-dire 28 ans en 1790, année en laquelle cette lettre
fut envoyée (en principe), à une date incertaine
(les éditeurs de la *Gesamtausgabe* indiquent milieu
aout, début septembre[2]). Le texte ici traduit est
celui de la lettre portant dans la *Gesamtausgabe*,
IIIe Reihe, III, p. 167-168, le numéro 63 (Schulz
55). On ne comprend pas très bien les raisons qui
ont pu interdire à Xavier Léon d'utiliser ce

---

1. X.Léon, *Fichte et son temps,* Armand Colin 1954,
p. 92-94.
2. GA, IIe Reihe, 1, p.296.

document que l'on est en droit de considérer comme un équivalent du témoignage de Malebranche ou du récit de Rousseau sur sa conversion à la philosophie[1]. Peut-être est-ce le fait que cette lettre *préparée* n'a jamais été envoyée comme on peut le penser.

Constatons qu'il s'agit seulement d'un fragment. La lettre n'est ni vraiment commencée : point de salutations, ni finie. C'est une des premières raisons pour douter que cette lettre *préparée* (et même on le verra quasiment finie au point de vue philosophique) ait été *envoyée*. On trouve bien le texte dans le recueil *J-G. Fichte's Leben und literarischer Briefwechsel* I, 1, 4, An Weisshuhn, p. 111. Mais rien ne prouve qu'il n'ait pas été placé là après triage des différents papiers découverts dans le *Nachlass*. En outre, Fichte aurait été fort malpoli en adressant cette lettre à Weisshuhn. En effet, dans la lettre qu'il lui envoie de Leipzig le 27 septembre il revient à la charge en ce qui concerne un exposé de la *Critique de la faculté de juger*[2] avec les mêmes arguments : la

---

1. En ce qui concerne Malebranche j'ai apporté une minime correction à l'interprétation de F. Alquié qui me paraît la meilleure, Alexis Philonenko, *Le cartésianisme de Malebranche suivant Ferdinand Alquié,* Revue de Métaphysique et de morale, n°2, 1975, p. 213 ; *Rousseau et la pensée du malheur,* vol 1, *Le traité du mal,* ch. 1.

2. Voir le commentaire de Xavier Léon, op. cit, T. I, p. 92.

pensée kantienne a besoin d'être résumée. Enfin, naturellement, aucun cachet de la poste n'atteste l'envoi de cette lettre. Il pourrait bien se faire que Fichte *à travers Weisshuhn pour ainsi dire,* se soit envoyé une lettre à lui-même pour se décrire et se saisir au moment où il s'aperçoit vraiment dans la vérité qu'il a rencontrée. Le fragment que nous considérons est tout autre chose que la brève indication donnée dans la lettre à J. Rahn du 12. 8. 1790[1]. Et la grande lettre qui suit ce fragment (à la même J. Rahn du 5 septembre 1790) est plus précise sur un point biographique, mais moins philosophique.

Dans la lettre à J. Rahn du 12 août 1790 Fichte déclare étudier la philosophie kantienne et croire que l'intelligence et le cœur peuvent y gagner[2], mais il ne spécifie pas quelle œuvre de Kant est déterminante et tous les témoignages donnent à penser qu'il dut d'abord se consacrer à la *Critique de la raison pure*[3]. En outre, rien ne permet de croire qu'il ait rencontré, même sous cette forme qu'il ne jugera pas être la meilleure, la philosophie critique. Sans doute Fichte ne pouvait-il comme

1. GA.IIIe Reihe, 1, p. 166, lettre n° 62.
2. Ibid, p. 166, l.23 : «dass Kopf und Herz dabei gewönnen».
3. On suppose que Fichte a eu entre les mains la troisième édition de la *Critique de la raison pure* qui ne diffère pas de la seconde. C'est la supposition des éditeurs de la *Gesamtausgabe*.

tous les hommes cultivés de son temps éviter de rencontrer la philosophie transcendantale, et de même que Malebranche ne pouvait éviter de rencontrer le cartésianisme, de même, il était fatal que Fichte rencontrât Kant. Dans sa lettre à Weisshuhn il indique brièvement que cela se fit (nous y reviendrons) de façon toute contingente. Dépourvu d'argent (*Anfangs aus Noth*) il donna une leçon, chaque fois une heure, sur la *Critique de la raison pure*[1]. Or deux remarques peuvent être produites. D'une part, il faut bien le dire, même si un penseur comme Fichte ne pouvait passer à côté de la *Critique de la raison pure*, il est étonnant de constater avec quel retard il l'a rencontrée ; elle était parue en sa première édition dès 1781 et il y a tout lieu de croire que Fichte ne connut que la seconde édition de 1788, ou celle de 1790. C'est là un témoignage précieux des difficultés que rencontra la *Critique de la raison pure* pour se faire connaître. Entre la parution de la *première* édition de la *Critique de la raison pure* et le moment où Fichte en eut connaissance, il y a l'énorme intervalle de neuf ans. Et Fichte n'est plus tout à fait un néophythe ; il a vingt-huit ans. Il ne dit, en outre, pas un mot de Reinhold, que

---

1. Ibid, p.170, lettre 63 1, 5 septembre 1790 : « ...nämlich durch eine Veranlassung, die ein blosses Ohngefähr schien. » (en fait à une occasion qui semblait due au seul hasard).

Bühle appellera le *propagateur* de la doctrine critique[1], pourtant très connu depuis ses *Briefe ueber die kantische Philosophie*[2]. D'où la seconde remarque, qu'on ne met pas toujours en clair : la *Critique de la raison pure* n'a pas suscité chez Fichte la moindre émotion (même au sens latin). Et le contraste avec la *Critique de la raison pratique* qui «ravit son imagination déjà si forte, lui donne prépondérance sur l'entendement et procure à l'esprit une inconcevable élévation sur toutes les choses terrestres»[3] est saisissant. D'où l'on peut conclure que dès la rencontre avec la *Critique de la raison pratique,* Fichte est décidé à interpréter l'œuvre transcendantale à partir du *Sollen.* Avant d'être transcendantale, l'imagination, dont il fera l'éloge que l'on sait[4], est *morale.* Et c'est parce que l'imagination est morale qu'elle

1. Cf. Kant, AK. Bd.XIII, p.542. J.G. Bühle, *Entwurf der Transcendantal-Philosophie,* Göttingen 1798, de même J.G. Fichte, *Œuvres choisies de philosophie première,* 3ème éd, Annexe (traduction et présentation Alexis Philonenko).
2. Cet écrit de Reinhold de 1786 est sans doute le premier travail vraiment conséquent inspiré par la philosophie kantienne ; le propos de l'ouvrage est essentiellement d'ordre moral. Tout se passe comme si Fichte (chose étonnante) n'en avait pas entendu parler.
3. GA, IIIe Reihe, p.171, 1.2 sq.
4. Voir la fin du § 5. de la *Grundlage der gesamten Wissenschaftslehre* et, dans la note, la flèche dirigée contre

doit constituer la synthèse véritative (le pouvoir merveilleux) et transcendantale[1], et ce n'est pas parce qu'elle est transcendantale que l'imagination doit fonder la conscience morale, ou plutôt l'une et l'autre sont indissolublement liées dans le «*Sollen*». Fichte n'est donc pas d'abord, et ici s'origine la source des malentendus[2], un *intellectuel*. D'après les quelques documents que nous possédons, rien ne l'a séduit dans la *Critique de la Raison pure*. C'est d'abord un homme *intelligent*, une *totalité humaine*, en laquelle doit régner un accord entre les sentiments (*Herz*) et l'intelligence (*Kopf*) et c'est en ceci qu'il est très proche de Rousseau et se sépare de Kant, qui a trop tendance à se maintenir dans l'*intellectualité*. Nous aurons à

Reinhold et sa prétention à exposer une philosophie *universellement valable*, alors que chez la plupart des hommes, imagination et entendement sont sacrifiés à la mémoire.

1. Alexis Philonenko, *La liberté humaine dans la philosophie de Fichte*, §.95, p.290 : «...Fichte impose une même condition à la réflexion philosophique et à la réflexion commune : elles doivent se fonder sur l'acte de l'imagination. L'imagination n'est pas seulement la faculté de la conscience commune : c'est la faculté propre à toute conscience».

2. Aggravés en les pays de langue française par la traduction de *Wissenschaftslehre* par *Théorie de la science*, traduction qui laisse supposer que l'œuvre de Fichte est d'abord celle d'un théoricien, alors que c'est une recherche intelligente, distincte en son âme de l'intellectualité.

revenir sur ce point dans une perspective technique. Qu'il nous suffise de dire ici que Kant ne
souhaitait pas voir la *Critique* devenir *populaire* et
que, en dépit de son beau succès de vulgarisation
« réussie » (E. Cassirer) dans *Qu'est-ce que
s'orienter dans la pensée ?*, il ne jugeait pas que le
destin de la philosophie transcendantale consistât à
devenir *édifiante*. Considérant, comme Hegel, la
constitution de la philosophie comme œuvre de
savant, il estimait que celle-ci ne devait pas être
édifiante et dans tous les cas ne pas se donner
comme une *prédication*.

Mais c'est bien comme *prédication* que Fichte
a ressenti la *Critique de la raison pratique,* prédication qui illuminait la *Critique de la raison pure*
et l'amenait à déclarer à J. Rahn qu'il y consa-
crerait quelques années de sa vie [1]. Le fragment de
lettre ne commence pas par ces mots : « Je
pense », mais « Je vis ». C'est non pas la totalité de
la pensée qui est bouleversée, mais la totalité de la
vie. Vivre signifie : agir, communiquer ses
pensées avec autrui, se gouverner dans le monde
des hommes, guidé par deux idées : la liberté
absolue et le devoir, idées qui s'unifient dans le
respect pour autrui en tant qu'homme. Sans doute
l'élément *spéculatif* n'est pas écarté. Comment, au
demeurant, pourrait-il l'être si la totalité doit bien

1. GA, IIIe Reihe, p.175, l.8.

être totalité? Mais c'est la totalité qui supporte l'élément spéculatif et non l'inverse et la philosophie sera précisément une prédication, parce qu'elle est nécessitée du dedans par la totalité humaine. Cela posé, l'élément spéculatif devra être d'une fermeté absolue. Pour que le «Je vis» ne se dégrade pas en un «Je pense»[1] vide et formel, l'élément spéculatif doit surgir de la totalité et la conforter dans ses visées ultimes, mais ces visées ultimes n'ont leur sens plénier que dans la totalité. On verrait alors se vérifier le jugement porté par certains interprètes de Fichte, dont Martial Gueroult[2], considérant que l'action enveloppe un primat sur l'élément spéculatif dans la première période de la pensée de Fichte, jugement qui serait validé à condition de prendre en compte la totalité humaine et le spéculatif comme un moment de celle-ci, de sorte que le «*Ich lebe*», serait la majeure et le «*Ich denke* » la mineure.

1. Faut-il ici, comme dans le rapport de Malebranche à Descartes, substituant le «Je sens» au «Je pense», parler d'une déchéance du *Cogito*? Est-ce que Fichte passant du «*Ich denke*» au «*Ich lebe*» ne provoque pas une déchéance du *Cogito* kantien? Du point de vue de H. Cohen c'est ce qu'il conviendrait d'assurer, cf. *Kants Begründung der Ethik, 2e Auflage,* Berlin 1910, (spécialement le chapitre consacré à Fichte et le reproche de descendre de la philosophie dans la biographie).

2. *L'Evolution et la structure de la doctrine de la science chez Fichte,* Publications de la faculté des lettres de Strasbourg, 1932, 2 vol., T. I, introduction.

Fichte, revenons-y, ne le cache pas : il a rencontré Kant «par hasard». A cours d'argent, avons-nous dit – ce qu'il traduit par une expression très pathétique (*Anfangs aus Noth*) – *il a donné des leçons sur ce qu'il ne connaissait pas : la philosophie kantienne.* C'est vraiment le hasard de *la condition de l'homme intelligent et pauvre* comme Rousseau, obligé d'accomplir certains travaux, en l'occurence donner des leçons à une personne «distinguée» voulant être à la mode et savoir quelque chose de la philosophie kantienne. Cette personne que, semble-t-il, on a renoncé à identifier, n'a dans tous les cas laissé aucun témoignage circonstancié de leçons qui durent être passablement étonnantes. Reste donc à parler de *hasard.* Et c'est bien ce que laisse entrevoir le fragment que nous étudions. Fichte a manifestement voulu à travers cette lettre écrite à lui-même surtout, désirant fixer ses pensées en la destinant à Weisshuhn, mais songeant surtout à soi, *conserver* le caractère de *rencontre absolue* et il paraît difficile de contester cet aspect de rencontre radicale. Le futur auteur de la *Doctrine de la Science* [1] *a croisé sur sa route l'auteur de la philosophie transcendantale.* Pourtant, comme nous ne pouvions le faire voir en débutant sans

---

1. Je choisis de traduire *Doctrine de la Science,* parce que dans *doctrine* en français il y a l'idée d'*endoctrinement* qui, pris dans le bon sens, réserve l'idée de *prédication.*

bouleverser l'ordre de l'étude, Fichte a laissé
entendre à J. Rahn que ce hasard n'était pas
totalement fortuit : il écrit en effet : «*durch eine
Veranlassung, die ein blosses Ohngefähr
schien...*»[1]. Que veut dire le mot : «*schien*» ?
Un hasard est ou il n'est pas. Un hasard qui *semble
être* l'effet du hasard n'est plus un hasard. Il y a
deux interprétations possibles, l'une empirique,
l'autre métaphysique. L'interprétation empirique
consiste à dire *que de toute manière,* comme
Malebranche a rencontré Descartes, Fichte devait
rencontrer Kant. Manifestement ce n'est pas ce
que donne à penser la précision «*schien*».
L'interprétation métaphysique consisterait à
donner une lecture *providentielle* de la rencontre : la Providence aurait *veillé* à ce que Fichte
rencontrât Kant; invérifiable, cette interprétation
est plus plausible psychologiquement; bien que
pauvre, bien que maltraité par la vie en sa jeunesse
comme l'a expliqué Xavier Léon, Fichte avait
cependant quelque chose en lui, propre à lui faire
croire qu'il avait un destin et qu'il était un individu
exceptionnel. Ce sentiment de la grandeur et de la
force (en un sens *Kraft*) amenait Fichte à se
regarder comme promis à un destin. Il ne pouvait
croire que sa vaste intelligence dont il avait déjà,

---

1. GA, IIIe Reihe, I, p. 170-171.

dès son plus jeune âge, fait la preuve [1], fut promise à une vie obscure. Aussi cette rencontre avec Kant, à laquelle rien ne l'avait poussé [2], lui apparut comme l'effet d'un destin. Rousseau lisant le sujet du prix mis au concours par l'Académie de Dijon dût éprouver semblable sentiment : non seulement il se trouvait devant *sa tâche spécifique*, mais encore *il devenait un autre homme*. Comme nous

1. Qui ne connaît l'anecdote du sermon si bien décrite par Xavier Léon, op. cit, T. I, p. 33.
2. Nous en aurions autrement d'autres échos dans les nombreuses lettres à J. Rahn. Fichte ne déguise rien. En un sens il donne à ses lecteurs le droit de le critiquer : comment a-t-il, lui, un homme instruit, attendu si longtemps pour se tenir au courant de ce qui possédait tant de valeur en philosophie dans les pays de langue allemande ? comment n'a-t-il pas été intrigué par ce Kant dont on parlait si fort depuis la mémorable dissertation intitulée *Qu'est-ce que s'orienter dans la pensée ?* Et d'un autre côté, comment ne pas lui reprocher de ne s'être intéressé qu'à des problèmes qui seraient demeurés sans retentissements sans ses futurs interprètes comme sa dissertation (inédite de son temps) sur *Les intentions de la mort de Jésus.* Tout ce que l'on peut affirmer de certain est qu'au même âge Hegel était bien plus au fait de l'histoire philosophique de son temps et que trop pressé par sa problématique personnelle, Fichte ne sera jamais un historien de la philosophie. Il n'en avait d'ailleurs ni le goût, ni la vocation. C'est peut-être une de ses plus graves lacunes. Il ne connaîtra les systèmes que selon leur architecture générale, cf. Alexis Philonenko, *The Philosophical Forum*, XIX, 2, *A special double issue – Fichte and contemporary philosophy : Fichte and the critique of metaphysics.* Boston University.

ne pouvons ni faire fonds sur la seule expérience empirique pour expliquer ce hasard qui n'en est pas un, ni recourir à la notion de *providence* impliquant dans la pensée de Fichte un recours au *miracle* auquel il se refusait, nous devons prendre de l'une et de l'autre et faire appel à l'*expérience du génie philosophique.* Il nous est également permis de penser que cette expérience de la rencontre avec Kant fut le soubassement d'un des plus célèbres passages de l'œuvre fichtéenne, la Ve section de la *Première Introduction à la Doctrine de la Science,* où, opposant idéalisme et dogmatisme, il écrivait : « Was für eine Philosophie man wähle, hängt sonach davon ab, was man für ein Mensch ist : denn ein philosophisches System ist nicht ein todter Hausrath, den man ablegen oder annehmen könnte, wie es uns beliebte, sondern es ist beseelt durch die Seele des Menschen, der es hat »[1]. (Ce que l'on choisit comme philosophie dépend ainsi de l'homme que l'on est ; un système philosophique n'est pas, en effet, un instrument mort, que l'on pourrait prendre ou rejeter selon son plaisir, mais est animé par l'esprit de l'homme qui le possède.) Avec son destin philosophique, Fichte a rencontré Kant et il l'a choisi.

Fichte résume cette expérience *bouleversante,* au bon sens du terme (qui in-verse la face des

1. GA.Ie Reihe, 4, p.195. Je suppose connue la critique de H. Cohen.

choses) dans la phrase initiale : «*Ich lebe in einer neuen Welt*». Réservons pour l'instant le sens strict de cette affirmation (bien que nous ayons déjà commenté en un sens le «*Ich lebe*») et demandons-nous ce qui caractérisait l'ancien monde. Ce dernier était traversé par de *bons sentiments* et Fichte laisse clairement entendre qu'il a connu des personnes vénérables, qui *avaient de bons sentiments* (*Ehrliche Leute habe ich genug gefunden*), mais celles-ci ne *pensaient* pas autrement que lui, c'est-à-dire fort mal puisqu'il était plongé dans l'illusion, croyait irréfutable, par exemple, la négation de la liberté suivant du principe de Spinoza. Et si son *cœur* était traversé par de nobles élans, son *intelligence* lui dictait de les rejeter comme des mots vides et creux, ainsi celui de *devoir*. Il y avait donc contradiction entre l'intelligence et le cœur, entre la pensée et le sentiment, entre le comprendre et la volonté. Quant à la nature de cette contradiction elle était *existentielle*. La contradiction fichtéenne initiale n'est pas une contradiction intellectuelle surgie du conflit entre deux exigences de l'esprit, mais une contradiction entre le cœur et la raison, qui appelle pour sa solution un discours répondant à la fois à l'un et à l'autre : *une prédication logique*, qui apaise l'esprit en lui rendant ses armes vraies et console le cœur en faisant briller ses exigences, si bien que la totalité humaine est recomposée et, pour ainsi dire, fondue dans un nouvel alliage plus propre au combat. Devant une contradiction existentielle la philosophie doit être édifiante et Fichte a cru en trouver le principe dans la *Critique de la raison pratique*. Fichte connaissait un exemple d'édification remarquable ; il se souvenait du passage de la *Profession de foi du Vicaire Savoyard* de Jean-Jacques : « Conscience, conscience ! instinct divin, immortelle et céleste voix, guide assuré d'un être ignorant et borné mais *intelligent et libre* ; juge infaillible du bien et mal, qui rends l'homme semblable à Dieu ; c'est toi qui fais l'excellence de sa nature et la moralité de ses actions… » [1]. Kant dans son traité sur la raison pratique, autrement charpenté logiquement que la *Profession de foi du Vicaire savoyard* [2] n'avait pas craint d'écrire une *page édifiante* : « *Devoir !* mot grand et sublime, toi qui ne renfermes rien d'agréable, rien qui s'insinue par flatterie, mais qui exiges la soumission, sans pourtant employer, pour ébranler la volonté, des menaces propres à exciter naturellement l'aversion et la terreur, mais en te bornant à proposer une loi, qui trouve d'elle-

1. Rousseau, *Œuvres complètes,* (Gagnebin-Raymond), T. IV, p. 600-601.
2. On sait le reproche qu'adresse Fichte à Rousseau : « Il nous dépeint sans cesse la raison en *repos,* mais non au *combat,* il *affaiblit la sensibilité,* au lieu de *renforcer la raison* ». G-A, Ie Reihe, 3, p.67.

même l'accès dans l'âme et gagne cependant elle-même, malgré nous, la vénération (sinon toujours l'obéissance), et devant laquelle se taisent tous les penchants, même s'ils travaillent secrètement contre elle ; quelle origine est digne de toi ? Où trouver la racine de ta noble tige, qui repousse fièrement toute parenté avec les inclinations, cette racine dont il faut faire dériver la condition indispensable de la seule valeur que les hommes peuvent se donner à eux-mêmes ? » [1]. Dans les *Principes de la Doctrine de la Science,* texte austère entre tous et où le tissu logique et dialectique recouvre tout, il y a pourtant place à la fin du § 5 (deuxième partie) pour une page pleine de bonheur, élégiaque, pure prédication, pleine de force et d'élégance, au sujet de l'imagination créatrice [2]. Ces pages élégiaques chez Kant et Fichte ne sont pas des pages de *philosophie populaire* au sens de Mendelssohn ; elles expriment plutôt la beauté élégante de la solution trouvée par la raison en combat devant les difficultés pour refondre la totalité humaine harmonieusement. En un sens le début du fragment se rattache à cette haute tradition : elle dit qu'un destin a été scellé pour une existence vouée à la vérité et au devoir : « Je vis dans un nouveau monde ».

1. Kant, AK. Bd.V, p. 86.
2. Voir ma traduction in J. G. Fichte, *Œuvres choisies de philosophie première,* p. 148.

Mais nous n'avons pas encore épuisé le sens de l'ancien monde. Si contradiction existentielle il peut y avoir entre le cœur et l'esprit, c'est que dans le monde dogmatique on peut édifier un système parfaitement logique et cohérent et d'autant plus cohérent qu'il s'achève dans une illusion irrésistible (*scheinbare Konsequenz*). Et Fichte assure plusieurs propositions : personne dans l'ancien monde ne *pouvait penser autrement que lui*. Entendons par là qu'il a poussé jusqu'à ses dernières conséquences le *spinozisme*, plus loin que Spinoza, plus loin que Lessing et Mendelssohn. Et Fichte n'hésite pas à se mettre en avant dans ce fragment de lettre : même au sein du dogmatisme et de l'illusion, il s'affirme plus hardi et plus sévère que tous les autres et c'est pourquoi, avec lui, l'*Ethique* est devenue *le système de la pure nature* (à laquelle Kant oppose *le système de la raison pure*). Fichte est l'homme qui pense à fond et qui par conséquent éprouve la contradiction existentielle le plus durement. En second lieu il affirme que toutes les objections adressées à ce système de la pure nature qui était le sien étaient sans valeur. *Dans l'ancien monde personne, sinon Fichte, n'a pensé rigoureusement et en ses conséquences ultimes le système de la pure nature.* Si on l'avait fait on aurait retiré ces objections (celles de Mendelssohn jugeant qu'il faut des

adoucissements [1]). Mieux vaut penser radicale-
ment dans le faux et subir de manière ultime la
contradiction existentielle que de s'en tenir à des
réserves émasculant la doctrine à laquelle on ne
voit aucune alternative clairement. Autant dire
que la contradiction issue de deux exigences
logiques contradictoires n'est pas aux yeux de
Fichte intéressante : ce n'est qu'un problème
parmi d'autres, destiné à recevoir une solution tôt
ou tard. Mais la contradiction existentielle, qui
exige un *sermon logique*, une prédication
transcendantale, suppose pour être résolue un
changement de point de vue, que Kant appelle
encore *révolution copernicienne*.

Puisqu'il s'agit donc bien d'opérer *une
conversion*, visant à détruire l'illusion si large-
ment répandue et qui anime le système de Fichte,
alors qu'il vivait dans l'ancien monde [2], il paraît
sensé de *partir de cette illusion pour la décom-
poser définitivement et faire apparaître l'imagination transcendantale comme source de toute
conscience et principe de la liberté*. Le système de
Kant, sauf s'il s'adresse à des esprits infusés par le

---

1. Voyez dans le commentaire de *Qu'est-ce que
s'orienter dans la pensée ?* l'effort de Mendelssohn pour
rapprocher Leibniz et Spinoza et faire de l'*Ethique* non pas
un panthéisme, mais un acosmisme.

2. On sait, bien qu'il n'ait jamais rédigé de système,
que Fichte, avant de rencontrer Kant, se voulait spinoziste.

génie philosophique, manque de *conviction*. Il expose certes ce qu'il en est de l'île de la vérité, mais ne *détruisant pas au préalable l'erreur,* court le risque énorme de laisser la porte ouverte à tous les dogmatismes. Ce qui est mauvais chez Kant, c'est que ne considérant pas suffisamment la totalité existentielle, il ne prend pas assez la mesure de l'illusion où des esprits aussi grands que Fichte ont pu être plongés. La voix du discours sensé n'a aucune chance de se faire entendre correctement et justement parmi la foule des hommes remplis par l'illusion. Tout le monde n'est pas aussi doué que Fichte, tout le monde ne possède pas un *génie philosophique*. Il faudra donc plonger les hommes dans la voie de la suprême contradiction, développer l'erreur majeure, et à partir de là détruire pas à pas l'illusion. Kant a procédé scolairement, mais c'est Descartes qui partant du *faux* établissait la bonne *stratégie philosophique*. De là est née la stratégie de la première *Doctrine de la Science* [1].

1. Je renvoie à *La liberté humaine dans la philosophie de Fichte*. Faute d'intégrer le concept de *contradiction existentielle* les commentateurs n'ont pu saisir cette démarche par le faux. Il est vrai que le contre-sens de Schelling dans *Vom Ich* (et autres écrits), où il croit avec le Moi absolu partir de la vérité (alors qu'il ne dépasse pas, de son propre aveu la tautologie *analytique,* cf. R.Kroner, *Vom Kant bis zu Hegel,* Tübingen, 1962), et où il pense

Kant écartait l'idée de prédication : il n'avait donc pas vu que son système apportait une solution à la question de la contradiction de la totalité existentielle, même si, on l'a dit, il a pu écrire une page élégiaque sur le devoir. Kant se limitant aux exigences de l'entendement, comme unité scientifique, ne s'est pas compris lui-même. Attaché à l'idée que la science ne supposait pas la conscience éthique et rejetant l'idée que l'élément spéculatif devait être développé pour rechercher une harmonie avec les exigences du cœur, il n'a su saisir le centre nerveux de son système. Même si dans sa lettre Fichte ne fait pas appel à cette dialectique, elle est clairement sous entendue dès qu'il parle du grand nombre d'hommes animés de bons sentiments, mais vivant dans l'illusion et comment croire, lorsqu'il écrit à J. Rahn qu'il « consacrera quelques années de sa vie » au système kantien, qu'il pense égoistement, comment ne pas être frappé que se sachant investi d'une Idée et d'un destin (il est désormais l'homme de la vérité), il n'entende pas étendre sa prédication ? Enfin on remarquera que la contradiction existentielle dont il est ici question sera développée thématiquement dans la première partie de la

pouvoir se fonder *ab initio* sur l'intuition intellectuelle, n'a pas peu fait pour égarer les commentateurs persuadés (je ne dis pas convaincus) que le *crieur public du Moi absolu exprimait la vérité de la W-L.*

Bestimmung des Menschen[1]. *Peut-on garder la vérité* pour soi? Kant répondrait : non! – mais en des matières aussi difficiles que la philosophie transcendantale, il faut la réserver aux savants; *il n'est ni nécessaire, ni souhaitable que la Critique devienne populaire.* La réponse de Fichte serait tout autre : *il faut une prédication qui s'adresse à tous, mais pour ne pas sombrer en son contraire, elle doit être difficile et supposer un* effort, *chez ceux auxquels elle s'adresse.* De là la savante stratégie (moralement satisfaisante) de la W-L 1794-1795, qui conduit à la *liberté humaine.*

La liberté humaine! Nous en venons au dernier mot de la première phrase de ce fragment : *monde.* Seize ans plus tard, dans l'*Anweisung zum seligen Leben,* Fichte donnera une théorie du monde. Le monde en son concept se divise dès l'abord en deux moments[2]. D'une part nous trouvons le monde des *choses* (dont l'être est un néant) et d'autre part le monde du devoir (dont l'être est réel, parce que d'une réelle spiritualité). Ensuite le monde du devoir se divisera en quatre moments : monde du droit et de la morale (Kant), monde de la moralité supérieure, monde de la

1. Cf. Alexis Philonenko, *La position systématique dans la Destination de l'homme,* in Transzendental-philosophie, Félix Meiner, Hamburg, 1989.
2. Fichte, *Sämmtliche Werke* (I. Fichte) Zweite Abtheilung, Bd.V, p.408.

religion, monde de la Science. La différence entre la première et la seconde division et entre l'autre division est claire : entre le monde sensible et le monde de la moralité *il y a solution de continuité* – en revanche entre les mondes qui vont du monde gouverné par la morale au sens kantien jusqu'au monde de la Science, *il y a transition*. Si donc il y a une rupture stratégique, à partir de laquelle la pensée transcendantale peut se déployer[1] c'est entre le monde des sens et le monde gouverné par la pensée transcendantale. C'est dire aussi – comme l'expose Kant dans la célèbre prétendue lacune de la *Critique de la raison pure*, à savoir *L'histoire de la raison pure*[2] – qu'*avant la pensée transcendantale éthique, il n'y a rien* ; et dans l'*Anweisung zum seligen Leben*, Fichte assimile le monde sensible au *néant*. « Je vis dans un nouveau monde » est donc une affirmation qui signifie : « je vis enfin purement et simplement », et toute la première époque de la *Doctrine de la Science* n'est que l'expression de cette *vita nuova*. Fichte aurait pu écrire : « je suis parvenu à ma naissance ». Mais c'eût été anticiper sur ses lointaines démarches.

1. Fichte indique clairement la nécessité de ce déploiement, SW. Bd.V, p.417.
2. Voir ma *Théorie kantienne de l'histoire*, dernier chapitre.

Même si nous devons nous garder du mouvement rétrograde du vrai, si justement dénoncé par Bergson, nous trouvons tant d'éléments dans ce fragment, par exemple la contradiction existentielle ou encore l'idée d'illusion, que nous pouvons le considérer *comme le manifeste personnel de Fichte prenant acte de son destin philosophique : élaborer la prédication de la philosophie transcendantale.* Et nous discernons déjà les germes des oppositions avec Kant [1].

C'est la deuxième partie du fragment qui les fait paraître davantage. Fichte fait un *constat,* propose une *critique* et formule plus ou moins un *projet.*

Le *constat* est simple : l'œuvre transcendantale est inachevée. On peut être surpris de voir Fichte jeter un regard synthétique sur la totalité de l'œuvre de Kant, qu'il ne connaissait pas il y a peu de temps. En quelques semaines il a assimilé les trois critiques et n'ignore rien de la polémique de

---

1. On trouvera en annexe à la troisième édition des *Œuvres choisies de philosophie première* une étude détaillée de l'opposition des conceptions kantienne et fichtéenne de la philosophie transcendantale. L'étude s'appuie sur la célèbre *Lettre ouverte contre la Doctrine de la Science* de Kant. Notons seulement ici qu'il n'est pas plus question d'intuition intellectuelle dans le texte de Kant que dans le fragment étudié ici ; sans forcer, on pourrait soutenir que seule l'illusion a sa place. Mais Kant n'a jamais aperçu la valeur stratégique de l'illusion.

Kant avec Eberhard, polémique dont il dit qu'elle jette une lumière sur la *Critique de la raison pure*. Il tient à faire savoir qu'il apprécie le détail. Par exemple la polémique avec Eberhard laisse entrevoir chez Kant un humour dont on ne l'aurait pas cru capable à la lumière de ses autres œuvres. De même il souligne que la *Critique de la faculté de juger* est mieux imprimée que les précédentes critiques – entendez par là qu'elle est moins encombrée de fautes de typographie que, par exemple, la *Critique de la raison pure*. Il ajoute que Kant promet une métaphysique de la nature (en quoi il se trompe manifestement, mais il a pu voir un prospectus mal fait) et une métaphysique des mœurs (en quoi il ne se trompe pas[1]). La leçon de ce constat est double. Premièrement – ce qui n'est pas finalement étonnant de la part d'un esprit si puissant – Fichte a effectivement assimilé, avec sa prodigieuse mémoire dans un délai très court

---

1. Il rectifiera le tir dans sa lettre à Kant du 20 décembre 1793 dont j'ai traduit le passage essentiel dans *Théorie et praxis dans la pensée morale et politique de Kant et de Fichte en 1793*, Vrin, Paris 1968, p. 83. Il n'est alors plus question d'une métaphysique de la nature, mais seulement d'une métaphysique des mœurs. Toutefois cette bévue est instructive : elle montre que Fichte voyait dans le *Corpus transcendantal* une lacune à combler : la métaphysique de la nature, et R. Lauth n'a pas été mal inspiré en reconstituant cette *Naturlehre* d'après les principes de la *Doctrine de la Science*.

l'essentiel de l'œuvre de Kant. Lorsqu'il se présente dans ce fragment de lettre comme *un kantien averti* («Avez-vous déjà lu la *Critique de la faculté de juger* kantienne ?») ce n'est pas l'expression d'une vanité quelconque. *Il a réellement lu les trois Critiques.* Et il vaudrait mieux, puisqu'il parle des autres écrits de Kant, demander ce qu'il n'a pas lu. Il s'exprime *kat aletheiav.* Deuxièmement, puisque Kant *promet* une métaphysique de la nature et une métaphysique des mœurs, *c'est la preuve que le Corpus transcendantal n'est pas achevé.* Et s'il n'est pas achevé – compte-tenu du grand âge de Kant – d'autres collaborateurs peuvent œuvrer à la réalisation du *Corpus transcendantal.* Ce sera exactement le sens des lettres à Kant du 2 avril 1793 et du 20 septembre 1793[1]. Bref, Fichte conçoit, puisque la tâche est immense et Kant fort âgé, la continuation de l'édification du *Corpus transcendantal* comme une œuvre collective. Il s'exprimera plus clairement dans ses *Leçons sur la destination du savant.* Il n'y a qu'une pierre d'achoppement : «beaucoup vivent dans l'ancien monde». Les philosophes transcendantaux ne seront pas nombreux. Mais cette difficulté est *de facto,* non *de jure.* On sait avec quelle rudesse Kant s'opposera à cette proposition, soutenant que *La Critique*

---

1. Alexis Philonenko, *Théorie et praxis dans la pensée morale et politique de Kant et de Fichte en 1793,* p.80.

de la raison pure n'est pas seulement un *traité de la méthode,* mais aussi un *Système de la raison pure*[1]. Sur le plan philosophique la position de Kant était extrêmement faible ; mais la tendance à la pensée personnelle et solitaire ne rendait pas celle de Fichte plus crédible : on le voit mal travaillant en équipe.

La critique concerne *l'écriture* de Kant. Fichte souligne les redites, les surcharges, qui interrompent le fil des idées. En un mot Kant s'exprime confusément. Fichte ne le dit pas, mais au fond Kant écrit comme Wolf et pense autrement. Sans cesse, donc, la scolastique brouillonne et confuse vient par le biais de l'écriture masquer le sens. En tous les cas il y a disjonction entre la *lettre* et l'*esprit* chez Kant. Aussi bien faut-il avoir une rare pénétration pour découvrir derrière la scolastique la pensée transcendantale. Fichte est l'un des premiers qui, partant de l'écriture, jugent que chez Kant la lettre tue l'esprit[2]. Or mis de côté le problème de la *prédication* et celui, bien différent finalement, de la *vulgarisation*, force est de constater, nous dit Fichte, que Kant a entouré

1. Kant, AK. Bd.XII, p. 397 et mon commentaire in *Annexe* aux Œuvres *choisies de philosophie première de Fichte.*
2. Tel est encore, par exemple, le sentiment de L. Brunschvicg dans son célèbre article, *L'idée critique et le système kantien,* Revue de Métaphysique et de morale, n° 2, 1924.

son œuvre d'une telle écriture que sa *simple diffusion* est compromise. D'une certaine manière, sans qu'il pût s'en douter, n'ayant pas eu à cette époque les éditions A et B de la *Critique* sous les yeux, Kant avait sur ce point donné raison à Fichte en supprimant dans la seconde édition la présentation originelle des *Paralogismes* pour présenter un texte beaucoup plus court, sans redites et réfutant en bloc à travers l'œuvre de Mendelssohn, toutes les prétentions de la psychologie rationelle. Il lui a donné raison une fois de plus en 1793 en avalisant le résumé de J. S. Beck («un de ses meilleurs élèves») où la *Critique de la raison pure* est ramenée à un volume de 378 pages in 12 (donc deux fois moins grosse comme le voulait Fichte)[1]. Mais on doit à la vérité de dire que le «dégraissage» de Beck, s'il a permis de réduire la *Critique* à la taille souhaitée par Fichte ne l'a pas rendue plus intelligible : cette fois ce sont les lacunes qui l'emportent sur les prétendues digressions.

Enfin un *projet*. Fichte a voulu devancer Beck et faire mieux qu'un certain Peuker. Il nous reste des ébauches, recueillies dans le tome premier de la seconde série de la *Gesamtausgabe*. Celles-ci sont des condensés d'une partie de la *Critique de la*

---

1. J.S.Beck, *Erläuternder Auszug aus den critischen Schriften des Herrn. Prof. Kant,* auf Anrathen desselben, Riga bey J. F. Hartknoch, 1793.

raison pure et d'une partie de la *Critique de la faculté de juger*. Il ne nous appartient pas ici de donner une critique interne de ces documents, ni même de comparer les ébauches de Fichte et le travail de Peuker et de Beck, ni enfin de reprendre après Xavier Léon le texte d'une lettre à Weisshuhn en laquelle Fichte disait avoir toutes les peines du monde à résumer correctement Kant. Qu'il y ait là une preuve que Fichte a lu Kant de près est une évidence qu'il n'est pas utile de souligner. En revanche l'idée d'un exposé (d'une prédication logique) sans faille, ni répétitions, ni digressions, concentrant en soi l'essence des trois critiques − idée qui se tire facilement de la conclusion du fragment examiné − a dû lui apparaître avec une nécessité toujours plus grande et de là vient la source *psychologique* des *Principes de la Doctrine de la Science* qui unifient dans une stratégie originale les trois critiques kantiennes, sans aucune redite, ni digression. Fichte a réalisé le rêve qui fut le sien dès sa rencontre avec la philosophie kantienne. Quant à savoir si cette prédication logique, calculée au millimètre près, était plus facile que la *Critique de la raison pure,* l'histoire a répondu sans équivoque négativement. Comment Fichte aurait-il pu au demeurant, comme il l'affirme lui-même explicitement, laisser un *effort personnel* à son lecteur enfoncé dans l'illusion dogmatique et en même temps être facile ?

B) Sur la lettre de Kant :

Les données historiques de ce célèbre texte de Kant sont relativement claires. Professeur de philosophie à Göttingen, Johann Gottlieb Buhle (1763-1821) dans le compte rendu auquel Kant fait allusion au début de son texte, avait affirmé que Fichte avait réalisé « le plan exposé dans la *Critique* », et conduit à son terme systématique l'idéalisme transcendantal esquissé par Kant, et, prenant acte des querelles qui s'élevaient entre les fidèles du kantisme d'une part (qui voyaient dans l'œuvre de Fichte une trahison de la philosophie critique), et les adeptes du fichtéanisme d'autre part, il sommait en quelque sorte Kant de trancher, de se prononcer, d'affirmer ou non si Fichte était son continuateur effectif. La réponse de Kant publiée dans la feuille d'annonces de l'*Allgemeine Literaturzeitung* du 28 août 1799 est, dans les relations internes des systèmes de Kant et de Fichte, une pièce capitale, même si philosophiquement sa nature même ne lui permettait pas de s'élever à un très haut niveau scientifique. On s'est fondé sur elle tantôt pour condamner Fichte, tantôt pour accuser Kant d'étroitesse de vue, voire même d'égoïsme. Ce qui est parfaitement clair, ce que personne ne peut nier, c'est que *Kant a clairement désavoué Fichte.*

Le texte de Kant est très sévère ; son ton semble même renfermer quelque animosité : il parle d'ami et d'ennemi et certains lecteurs iront même jusqu'à penser à une querelle de personnes. Mais il est difficile de croire de telles choses. Il semble plus probable que, mis au pied du mur, chose qu'il appréciait peu, Kant a jugé bon de mettre un terme au débat et de rendre toute discussion impossible. Au demeurant Kant entendait depuis longtemps – c'était même sa maxime intellectuelle – consacrer tout son temps à « son système ». Il faut se souvenir que quinze ans plus tôt, alors qu'il possédait toutes ses forces intellectuelles, entraîné dans le *Pantheismusstreit* [1], Kant refusa de prendre connaissance du spinozisme, objet du litige, et fit savoir froidement à Hamann qu'il avait bien assez à faire avec son système pour

---

1. Il s'agit de la célèbre querelle entre Jacobi et Mendelssohn qui d'une part aboutit à la publication de *Qu'est-ce que s'orienter dans la pensée ?* et d'autre part au renouveau du spinozisme, oublié, condamné comme on le sait pendant les XVIIe et XVIIIe siècles, si bien que Kuno Fischer trouva vraiment une formule très heureuse en écrivant que *le système de la pure Nature* et *le système de la pure Raison virent le jour en même temps.*

s'occuper encore de celui des autres. *Aussi bien quand on refuse de lire Spinoza, on n'est pas homme à se plonger dans tout ce qui paraît.* Certes Kant a parcouru Beck, Schulz, en gros les meilleurs « kantiens », mais, si nous consultons ses notes, ses projets de discussions, nous ne voyons pas un homme écoutant la dernière sirène philosophique. Ses lectures, ce sont des documents appropriés à la constitution de l'anthropologie ou encore à la physique. Fichte, il l'avoue clairement en sa lettre à Johann Heinrich Tieftrunk, il ne l'a pas vraiment lu. Bien plus : il l'a ouvert et dès la première page il s'est cru en présence d'un fantôme. De toute manière Kant a déclaré à Abegg le 1. VI. 1798, n'avoir pas lu tous les livres de Fichte[1] et ne les connaître que par les recensions dans la *Gazette littéraire* d'Iéna. De tout cela on déduira facilement la position de Kant. Elle est un peu semblable à celle qui précéda la publication de *Qu'est-ce que s'orienter dans la pensée ?* – il préférerait s'abstenir. Par le peu qu'il a vu de l'œuvre de Fichte *Kant est persuadé qu'il s'agit d'un château de cartes qui s'effondrera tout seul.* Dans sa lettre à Tieftrunk Kant conclut en faisant une observation qui porte sur le titre même de

---

1. Il a lu naturellement *La critique de toute révélation* dont J.C. Goddard a donné une bonne traduction liée à une introduction érudite.

l'œuvre de Fichte : *Wissenschaftslehre,* soit science de la science, et après, écrit Kant, il faudra une science de la science de la science et ainsi de suite à l'infini[1]. C'est un jeu de mots, ce n'est pas sérieux.

Pourtant, même s'il n'a fait que feuilleter les premières pages de la *Doctrine de la Science 1794-95,* c'est-à-dire les *Principes,* Kant avec sa pénétration légendaire a saisi la nature de l'écrit en son début, en même temps que son problème, sans entrevoir cependant les intentions profondes de Fichte. Situation fréquente en l'histoire de la philosophie.

A – Il est parfaitement exact que le début de la *Grundlage der gesammten Wissenschaftslehre* est un exposé *purement logique,* où le principe d'identité joue un grand rôle, puisque c'est à partir de lui qu'est posé le principe, transcendantal selon Fichte (c'est-à-dire formel et matériel), Moi = Moi. Bien loin de le nier Fichte dans la troisième édition de l'ouvrage apportera une précision supprimant toute équivoque : entre parenthèses il ajoute : « les lois de la logique générale ». Kant a donc absolument raison : la W-L part de la logique générale et de ce qui en elle est le plus contraignant : le principe d'identité. Stérile, ce

---

1. AK Bd. XII, p. 241.

principe est cependant la règle qui gouverne notre pensée, notre langage, nos actes. Imagine-t-on que ce principe soit supprimé, voici la pensée livrée à la confusion la plus complète et si l'on commence par poser A=B, on ne sait plus que l'on sait, ni si, vivant, on n'est pas mort.

Mais Fichte ne nie pas non plus et n'a jamais nié que la logique générale utilisée comme *organon* était dialectique, génératrice d'illusion et même d'illusion transcendantale dès lors que le formel est converti en matériel. Nous possédons un « extrait » de la *Critique de la Raison pure* où Fichte a reproduit la phrase de Kant en laquelle il est dit que c'est un avertissement sûr et utile que de savoir qu'utilisée comme *organon* la logique générale est toujours dialectique. Bien évidemment Fichte n'a pu avoir alors connaissance de la lettre à Tieftrunk dans laquelle Kant dit croire se voir en présence d'un fantôme. Mais c'est tout à fait cela[1] et les versions successives de la W-L renforceront ce sentiment. On doit alors dégager la conclusion suivante : en 1794-95, pour des raisons théoriques et morales que nous avons exposées ailleurs[2], Fichte a cru pouvoir exposer,

1. Voir l'interprétation donnée dans *La liberté humaine dans la philosophie de Fichte.*
2. Alexis Philonenko, *L'Œuvre de Fichte*, 1984, Vrin.

comme Descartes, la philosophie transcendantale en partant du *faux*. C'est en ceci, bien plus qu'en la théorie fondamentale du sujet connaissant où ils divergent vivement, Descartes s'orientant vers l'entendement et Fichte vers l'imagination[1], qu'ils sont proches. Nous pourrions dire dans une formule très ramassée que le Malin Génie et le Moi absolu qui s'origine au sein de la logique générale sont des structures techniques stratégiquement et philosophiquement presqu'identiques[2]. Ce qui sépare Kant et Fichte, et que l'auteur de la *Critique de la Raison pure* aperçoit sans grande clarté, c'est un problème de logique de la philosophie, ou plus modestement de stratégie philosophique. Kant place l'idéal de la philosophie dans l'idée d'une *exposition* claire et détaillée et, comme Hegel plus tard, il ne croit pas que le devoir de la philosophie soit d'être édifiante ; mais c'est le point de vue auquel se place Fichte qui, il ne l'a jamais caché, et les *Introductions à la Doctrine de la Science* plaident en ce sens, veut

---

1. Alexis Philonenko, *La liberté humaine dans la philosophie de Fichte,* p. 284.

2. Le problème de la *puissance* du Malin Génie ne se pose pas chez Fichte. Cf. sur ce problème, Alexis Philonenko, *Le transcendantal et la pensée moderne.*

convertir son lecteur[1]. Au fond la grande différence entre Kant et Fichte est là. Et la vraie
question est de savoir si l'on peut lier *édification* et
démonstration, si la science, par elle-même, peut
être une morale. Loin de nous l'idée d'apporter
une réponse ici à un problème qui traverse déjà
toute la philosophie platonicienne, comme l'a
montré avec un grand talent A-J. Festugière. Mais
l'on comprendra, en tenant compte de ces visées
si distinctes, que Kant et Fichte aient reçu des
adhésions et essuyé des refus jusqu'à nos jours.
On comprendra aussi que Kant ait été vraiment
persuadé que le destin de l'édifice fichtéen était
de rouler dans l'abîme, et que Fichte ait été
convaincu qu'il fallait améliorer non seulement le
système transcendantal, mais aussi les hommes, et
par là préparer le dépassement de la «lettre»
kantienne.

Au moins, et c'est un point important, l'écrit
de Kant est de 1799, et s'il n'a pas lu bien loin la
W-L de 1794-95, il en a certainement entendu
parler, et il est hors de doute qu'on ne l'ait pas
entretenu de la fameuse «intuition intellectuelle».
Mais il n'en dit pas un mot. Si elle doit se trouver

1. J'ai montré dans le *Schlussvortrag* de la seconde
Internationale-Fichte-Tagung (repris dans les *Cahiers de
philosophie,* n° 37) comment Fichte liait *édification* et
démonstration.

quelque part, c'est tout au début, et le début Kant
l'a lu : mais il n'a pas vu *l'intuition intellectuelle*.
Il n'est pas exclu qu'il ait feuilleté le livre à sa
rencontre. Il n'a rien trouvé. Dans tous les cas,
plus sage que beaucoup de commentateurs de
Fichte, il n'en dit rien. Aussi trouve-t-on dans la si
sévère lettre publique de Kant un appui indirect à
Fichte – sans doute ne le désire-il pas, car son
intention est d'abattre Fichte, mais qu'on le veuille
ou non il écarte l'arme braquée sur la pensée de
Fichte et si l'intuition intellectuelle se trouvera
bien chez ce dernier, *ce ne sera pas en un sens
condamné par Kant*.

B – Jacques Rivelaygue dans son excellente
traduction du texte de Kant trouve les mots très
exacts pour en définir la nature : c'est, écrit-il,
« une sorte de lettre ouverte au public »[1]. Il ne faut
donc pas majorer la valeur philosophique du texte
qui est destiné à être populaire, alors que tel n'est
pas le but de la *Critique de la Raison pure*. Il
demeure qu'un problème n'a cessé de se poser.
Dans sa « lettre » Kant déclare que son vrai dessein
fut non pas de livrer une *propédeutique*, mais un
système complet. Si l'on suit la très prudente

---

1. *Kant, Œuvres philosophiques*, édition F. Alquié
(Gallimard) T. III, p. 1500.

analyse de M. Heidegger[1] il est clair que Kant (cf. K. d. r. V, B 869, A 841 et B 873, A 845) n'a pas établi en 1781 (ni naturellement en 1787) dans la *Critique* le système de la raison pure. C'est seulement si l'on assimile la *métaphysique* contenue dans la fondation critique et la philosophie de la raison pure que l'on peut parvenir à une certaine harmonie. M. Heidegger, avec beaucoup de subtilités, a réussi à marier les deux présentations kantiennes, mais il faut bien avouer que toute sa dialectique est suspendue à la définition de la physique mathématique, exemple qui doit jouer un rôle normatif d'après lui, mais dont la détermination laisse la place à de sévères critiques, pour quiconque connaît bien l'œuvre de H. Cohen.

Notre sentiment est pourtant assez différent de celui auquel aboutissent les interprétations savantes et en particulier nous estimons qu'on ne doit pas du tout accorder à des déclarations faites dans une lettre ouverte au grand public le même sens que tel ou tel passage de la *Critique de la Raison pure*. Laissons de côté les questions d'organon, de critique ; que doit penser le simple lecteur de la *Critique de la Raison pure lisant la lettre publique de Kant ?* Il doit penser qu'il a

---

1. M. Heidegger, *Gesamtausgabe,* IIe, *Abteilung, Phänomenologische Interpretation von Kants Kritik der reinen Vernunft* (Bd. 25) p. 63 sq.

devant lui un système vraiment achevé, fondant les grands principes qui gouvernent l'entendement humain, dénonçant les erreurs séculaires de la métaphysique et permettant l'édification d'une philosophie morale et d'une philosophie du droit, ainsi que de la religion. Utiliser abusivement certains textes qui ne s'expliquent que par des soucis connus du seul philosophe, considéré en tant que *savant,* pour imaginer que la *Critique* n'est que le marche-pied d'un système la dépassant est une pure et simple bévue. A notre avis les difficultés rencontrées par les interprétations s'évanouissent, dès lors qu'on distingue, comme on doit le faire, le point de vue du philosophe regardé comme un savant et celui du philosophe amené à s'adresser au grand public.

C – Pourquoi Kant insiste-t-il avec une telle force sur le fait que la *Critique de la Raison pure* doit être lue « à la lettre » ? Ce n'est assurément pas un effet d'une quelconque vanité, encore moins la manifestation de l'obstination d'un vieillard jaloux de son œuvre et de sa postérité. On a dit de Kant qu'épouvanté par les ravages de ce qu'on est convenu d'appeler le post-kantisme il aurait déclaré qu'on ne le comprendrait pas avant un siècle, temps nécessaire pour que la *Critique* soit vraiment lue, c'est-à-dire à la lettre. Et on trouve, en effet, dans les publications de l'Ecole de

Marbourg, des déclarations fondées sur ce
sentiment. Tout ceci est bien possible, mais ne
paraît pas juste. Kant demande qu'on le lise à la
lettre dans le sens exactement opposé où Fichte
demande à être lu selon l'esprit. Et nous
retrouvons l'opposition plus haut soulignée. Le
but de Kant est la science ; la *Critique de la Raison
pure,* oserions-nous dire, est semblable à un traité
de calcul différentiel en lequel les équations
doivent faire l'objet, en effet, d'une lecture à la
lettre. En revanche les exposés de la *Doctrine de la
Science* supposent toujours une conversion et une
adhésion intimes, personnelles, que la lettre ne
saurait fournir. Au demeurant nul ne l'a nié, nul
ne s'y est trompé : chez Fichte, le vrai philosophe
est à la fois un savant et un éducateur, un éducateur
au sens moral et même religieux. Jamais Kant ne
se fût hasardé, par exemple, à rédiger les
dernières pages de la *Doctrine de la Science* de
1804 où il est question du Verbe. Kant ne possède
aucunement le sens du *sacré ;* Fichte en est
profondément pénétré. Et lorsque Fichte, à la fin
du § 5 des *Principes,* écrit une page fulgurante de
beauté morale, d'appel, où il fait sentir que la
philosophie n'est rien si elle n'est pas une vocation,
sa pensée, qui évidemment ne doit pas et *ne peut
pas,* en demeurer à la lettre, s'oppose entièrement
à celle de Kant. Certes il serait inconvenant de

durcir l'opposition au point de parvenir à des extrêmes inconciliables. La philosophie de Kant n'est pas étrangère à toute passion et je crois l'avoir montré dans ma *Théorie kantienne de l'histoire*. En ce qui touche Fichte, Alain Renaut, dans de très remarquables analyses, a montré les valeurs scientifiques qui élémentent du dedans, pour ainsi dire, la philosophie juridique du «Titan d'Iéna». Dans l'histoire des idées le divorce flagrant des deux hommes ne s'est pas traduit par une rupture absolue, mais la vocation scientifique de Kant ne pouvait coïncider avec la vocation religieuse de Fichte. La question de savoir si le criticisme kantien devait se prolonger dans une réflexion religieuse en son expression ultime est bien entendu susceptible d'être posée ici, sans pouvoir être résolue.

D – Beaucoup de savants furent frappés par les réactions relativement mesurées de Fichte. Il est tout de même nécessaire de savoir quel jugement portait Fichte sur Kant et son œuvre avant la lettre publique, qui, intervenant à un moment facheux – la Querelle de l'athéisme qui chassa Fichte d'Iéna à Berlin – portait atteinte à sa réputation. Dans une lettre du 17 mars 1799 adressée à E. C. Schmidt (*Gesamt-ausgabe, hrsg v. R. Lauth,* IIIe, Bd. 3, p. 214) Fichte porte deux jugements. D'une part *L'Anthropologie au point de vue pragmatique* est d'une extrême faiblesse; c'est vraiment l'œuvre d'un vieillard[1], et sous la plume de Fichte, cela signifie que Kant commettrait une erreur en voulant se mêler de débats philosophiques qui, maintenant, le dépassent. D'autre part, jugement plus curieux chez un homme que l'adversité n'a pas ménagé, Fichte juge que le silence qui entoure relativement le dernier travail de Kant ne manque pas de noblesse. A en croire Fichte il était facile de blesser Kant gravement; au fond personne n'a pris un tel parti et l'auteur de *La Doctrine de la Science* s'en félicite. Bien que ces choses soient délicates, il est vrai que l'*Anthropologie au point de vue pragmatique,* sans vraiment ternir la gloire de Kant, n'y a rien ajouté et les amis de l'auteur de la *Critique de la Raison pure* ont pris un risque sérieux en l'aidant à publier cet écrit assez faible.

Le sentiment de Fichte n'a pas changé lorsqu'il a lu la lettre publique de Kant. Sans rien oublier de ce qu'il devait à la philosophie transcendantale,

---

1. Ce jugement semble finalement équilibré. Il n'est pas question ici de discuter en son fond la valeur de l'*Anthropologie au point de vue pragmatique* dans sa dernière version. Les notes des années 80 m'ont semblé plus riches et plus incisives. En 1798 la théorie des tempéraments, par exemple, n'apporte rien qui possède une valeur scientifique. La *Géographie* de Kant publiée après sa mort est plus intéressante.

dont il se crut obligé de séparer très vite[1] au point de vue politique selon Kant, sans restreindre en quoi que ce soit aussi le sentiment de respect qu'il éprouvait envers l'homme qu'il avait salué jadis avec ferveur (GA, IIIe, Bd. I, p. 252-253, 18 août 1791). Mais il ne voulait pas se laisser aller à une polémique avec un homme qu'il croyait vraiment sincèrement perdu pour la spéculation. Le document le plus précieux restera la lettre à F. W. J. Schelling (GA. IIIe, Bd. IV, Septembre 1799) Fichte y déclare tout d'abord qu'il ne saurait suivre le conseil de Kant – appliquer son don d'exposition là où selon la *Critique* il pourrait être le plus utile – car Kant lui avait donné, il y a huit ans un autre conseil : suivre sa voie. Tout le divorce de Kant et de Fichte que nous avons

---

1. Alexis Philonenko, *Théorie et praxis dans la pensée morale et politique de Kant et de Fichte en 1793*. Je crois avoir montré combien grandes étaient les divergences politiques et par conséquent éthiques de Kant et de Fichte. Je ne sais pourquoi on s'acharne à considérer comme mineures des oppositions qui mettent en question le sens de la personne humaine, comme on le voit en ce grave problème qu'est la peine de mort. L. Feuerbach dans son écrit sur *Bayle* (Cf. Alexis Philonenko, *La jeunesse de Feuerbach, 1828-1841, Introduction à ses positions fondamentales, T.I*) a vraiment mis en lumière dans la question centrale de *l'autonomie de l'éthique* le dépassement de la pensée kantienne opéré dans l'œuvre de Fichte.

évoqué tient là. Selon Kant puisque la *Critique de la Raison pure* est une science systématique, il n'y a pas mille et une voies, mais une seule : celle de la science méthodique. Fichte qui, après *La Doctrine de la Science* de 1794-95 où la voie dialectique domine, comme je l'ai montré, a suivi une voie analytique dans *La Doctrine de la Science Nova methodo* 1798[1]. Il se préparait, comme le montre *La destination de l'homme*, à opérer l'élaboration de *La Doctrine de la Science* de 1800[2], autant de chemins destinés aussi bien à la spéculation qu'à l'édification que ne peut accepter la méthode kantienne, d'autant plus que, comme le montrera de façon éclatante sa version de 1801 où il réussit une synthèse encyclopédique (série C 1-C 5 & D 1-D-5), il ne croit pas négliger les sciences. Nous ne trouvons jamais chez Kant, pas même vraiment dans les écrits moraux – ce pourquoi L. Feuerbach ne voit en Kant que le « grammairien de l'éthique » – une liaison de la spéculation et de la prédication. C'est au contraire cette liaison que nous trouvons toujours chez Fichte et même dans les moments les plus spéculatifs : par exemple

1. Renvoyons à l'excellente traduction d'Yves Radrizzani (L'Age d'Homme, 1989).
2. *Traduction et commentaire analytique*, Alexis Philonenko, Vrin, 2 vol.

l'auto-construction de l'intuition intellectuelle (W-L, 1801, série B 1-B 5).

Fichte, en outre, sans doute très conscient de ce qui le sépare de Kant, n'a relevé vraiment qu'un point dans la lettre publique de Kant et c'est la critique du mot *Wissenschaftslehre*. Pour entendre la réponse de Fichte il faut sans doute noter de nouveau deux points. D'abord si Fichte a forgé cette expression, c'était avant tout pour échapper aux confusions suscitées par l'usage si ancien du mot *philosophie*. Il est très raisonnable de douter que Fichte ait particulièrement affectionné l'expression de *Wissenschaftslehre ;* il est encore plus raisonnable de souligner que le mot de *philosophie* lui semblait usé, trompeur, vague. Quand les phénoménologues rayeront pratiquement de leur vocabulaire le mot de philosophie, leur sentiment sera proche de celui de Fichte. Ensuite, on ne le dira jamais assez, Fichte appartient à ces auteurs qui refusent de s'enfermer dans une terminologie rigide, ce qui est le cas de Kant[1]. Dès lors à quoi se ramènerait selon Fichte une discussion sur l'expression *Doctrine de la Science*? A une simple querelle de mots. Pour nous il est tout à fait clair

---

1. Evidemment ce fait a permis, dans la mesure où malgré tous ses efforts Kant n'était pas « absolument cohérent » (E. Adikes), des interprétations inconciliables de la pensée critique.

que par-delà la question philosophique – dont on voit la portée pour Fichte – s'exprime un refus de toute discussion chez l'auteur de la *Doctrine de la Science* 1794-95. S'engager dans une querelle verbale avec un vieillard qu'il honore est chose à laquelle Fichte se refuse. On peut ajouter que Kant n'y tenait pas non plus et que Fichte l'a bien senti.

Schelling, qui n'était pas encore brouillé avec Fichte – mais cela ne devait pas tarder – se chargea de publier une letttre de Fichte, *Intelligenzblatt der Allgem. Literatur-Zeitung*, Nr. 122, 28 sept. 1799, (Col. 992). Quant à cette lettre publique, c'est, selon nous, le dernier acte scientifique de la glorieuse carrière de l'auteur de la *Critique de la raison pure*. Si Kant fut entendu, ce fut moins en raison, croyons-nous, de la valeur de son écrit, que par le coup porté à Fichte déjà en présence de son destin. En 1795 tout le monde se fût acharné à montrer en Kant un vieillard jaloux de sa gloire. Mais en 1799 c'était celle de Fichte qui passait. *Sic transit gloria mundi* et de son vivant Kant fut écouté, pour la dernière fois. Bientôt devait sonner l'heure de la gloire de Hegel, en attendant Feurbach.

Remarques lexicales sur les lettres de Kant et de Fichte.

A) Fichte

1) *in einer neuen Welt* – dans un nouveau monde. Le mot *Welt* est sémantiquement pluri-dimensionnel ; on entend, en effet, par *Welt,* le monde aussi bien que l'univers. C'est ici chez Fichte la dimension psychologique qui doit être retenue. Chez Kant, la définition du monde est la suivante : « J'appelle monde toutes les Idées transcendantales, dans la mesure où elles concernent la totalité absolue de la synthèse des phénomènes » (*Critique de la raison pure, Dialectique transcendantale,* 2. B. 2. 1, au début, K.d.r.V., A, 420 ; Al. P. I, 1080). Kant distingue le *concept du monde* (*Weltbegriff*), auquel chacun « s'intéresse nécessairement », du concept d'école (*Schulbegriff*) dont use une science en vue d'un détail (*Critique de la raison pure, Méthologie transcendantale,* 3. 3. 1, remarque ; K.d.r.V., A 839 ; Al. I, 1389).

2) *Leben* – vie. Le mot *vie* possède deux sens dans la philosophie transcendantale. Ou bien *vie* désigne tout ce qui s'oppose à la matière inerte. Ou bien la *vie* signifie un degré dans la hiérarchie des êtres, degré supérieur à celui de l'*organisation,* dont traite la seconde partie de la *Critique de la faculté de juger* de Kant. Chez Fichte, dans l'*Introduction à la vie bienheureuse,* le concept de vie se développe sur cinq stades et c'est la vie *spirituelle,* qui l'emporte, cf. J.-G. Fichte, *Sämmtliche Werke, Herausgegeben von* J. H.

Fichte, Zweite Abtheilung, B. Zur Religionsphilosophie, Berlin 1845, Dritter Band, p. 466 et suivantes.

3) *Kritik* – critique. Le mot *critique* vient du grec, *krinein*, qui signifie *juger*. La critique doit être la pierre de touche de toutes nos connaissances *a priori*. Ce mot, toutefois, a été pris en divers sens. N. 4146 : « La philosophie transcendantale a deux parties : la *Critique de la raison pure* et l'ontologie », cf. R. Eisler, *Kant Lexicon*, New York, 1977, p. 320. On ne peut donc pas dire que la *Critique de la raison pure* est, comme le veut Heidegger, une ontologie fondamentale.

4) *Prinzip* – principe. Fichte faisait une différence entre les principes et les théorèmes, désignés par le mot *Satz*. Pour Kant un théorème est une proposition susceptible d'être prouvée (*Beweis = preuve*). D'après lui (Logique, § 39) la *thèse* et la *démonstration* sont les moments essentiels d'un théorème. Fichte suivra cette définition et verra dans les principes les fondements des démonstrations.

5) *Freiheit* – liberté. Le mot *Freiheit* ne découle pas du latin. Pour une approche du monde germanique, on consultera Jan de Vries, *L'univers mental des Germains*, Paris, 1987, p. 206. Kant dit que la clef de voûte de la *Critique* est la liberté. Kant, nous l'avons déjà expliqué en ce volume, a commencé par écrire et penser en latin; puis, à partir de la *Critique de la raison pure*, il ne s'exprima plus qu'en allemand, pensant néanmoins en latin. La *Critique de la faculté de juger* est le seul livre pensé et écrit en langue allemande par Kant. C'est là, d'ailleurs, que le mot liberté-*Freiheit* trouve sa valeur vraiment germanique. D'un point de vue philologique donc, l'œuvre de Kant doit être saisie à partir du latin et de l'allemand. Fichte, quant à lui, semble avoir toujours pensé et écrit en allemand. De grandes recherches systématiques sur le style de Kant ont méconnu

ce problème. De nouvelles analyses sont en voie d'élaboration.

6) *System* – système. Mot d'origine grecque, qui signifie : tenir-ensemble. En langue allemande, comme en langue française, le mot *système* possède une très grande portée. On parle, par exemple, du *système nerveux*. Fichte use du terme d'une manière encore plus étendue ; le système est un mode de pensée cohérent, dont un traité peut donner l'illustration.

7) *Achtung* – respect. Le terme français enveloppe une signification précise comme le terme allemand. *Achtung* signifie : faire attention, voir, viser. Dans *respect* on trouve un autre sens : respecter était *donner répit*, donc ne pas toucher immédiatement, laisser à distance, par conséquent ne pas violer.

8) *Kraft* – force. Même remarque que pour *Freiheit*. l'idée de force mentale est développée par Kant dans la *Critique de la faculté de juger*, cf. Jan de Vries, op. cit.

9) *unbegreiflich* – inconcevable. *Begreifen* signifie *saisir* au sens manuel. Le *Begriff* est ce qui permet de saisir. Concevoir, comprendre sont des équivalents. Fichte et Kant distinguent l'*unbegreiflich* de l'*undenkbar*. *Undenkbar* signifie : impensable. Ce mot, souvent usité, en notre langue n'est pas un terme correct. Sur ce point le traducteur trouvera toujours une difficulté.

10) *ueberreden* – persuader. Kant oppose l'*Über-redung* (la persuasion) à l'acte de *convaincre, Überzeu-gung*. Persuader est une mauvaise chose ; convaincre est une bonne chose. Cf. Littré, *Dictionnaire de la langue française*, Hachette, Paris, 1961, T. V et Eisler, op. cit. *Se persuader* est une expression compliquée, comme son équivalent, *si je ne m'abuse* ; le mauvais (persuader) est nié par le moment réflexif. De même pour *si je ne m'abuse*.

11) *Verstand* – entendement. Jusqu'à Feuerbach (SW. Bolin, Jodl, Bd. VI, p. 3) les philosophes allemands

distingueront l'entendement (*Verstand*) et la raison (*Vernunft*). Cf. Hegel, SW (Glockner, Bd, I, *Glauben und Wissen*, tr. Alexis Philonenko-Claude Lecouteux, Vrin, Paris 1988). Cette distinction est extraordinairement difficile à comprendre en langue française. Dans *Verstand* on a voulu retenir l'idée de *stehen*, tenir debout.

12) *Moral* – morale. Les penseurs de langue allemande utilisent deux autres expressions: *Sittenlehre* d'une part, et *Ethik* d'autre part. La *Sittenlehre* (Doctrine des mœurs) a souvent un sens social; en revanche l'*Ethik* possède une dimension politique. Croyant que la morale rédigée par Kant se dirige vers le socialisme, H. Cohen intitulera son travail, *Kant's Begründung der Ethik*. Hegel jugeant que la morale de Kant ne débouche pas sur la politique, la réputera vide et fausse.

13) *Schein* – apparence. La phénoménologie au sens de Lambert, repris par Kant, est une *Scheinlehre* (*Neues Organon*, Bd. II, IV), c'est-à-dire une doctrine des *apparences*. La *Phénoménologie de l'Esprit* de Hegel est une théorie des *apparences* de l'Esprit, s'acheminant vers son Golgotha (*Schädelsttäte*)

14) *etwas Gründliches* – quelque chose de sérieux. Il n'y aucun mot français permettant d'exprimer exactement ce que signifient *Grund, gründlich*. En allemand Grund signifie sol, mais aussi abîme (*zugrunde geht*). *Grundsatz* signifie: fondement, principe. *Grundlage, zum Grunde liegen* signifie: mettre au fondement.

15) *Kritik der Urteilskraft* – critique de la faculté de juger. Titre intraduisible. E. Weil proposait: *Critique de la judiciaire*. Cette solution (d'ailleurs inélégante) n'a pas été retenue. Sur *judiciaire,* cf. Littré, op. cit. T. IV.

16) *Aesthetik* – esthétique. Terme d'origine grecque. L'esthétique conserve toujours un rapport à la *sensation*, cf. Luc Ferry, *Homo Aestheticus*, Grasset, Paris, 1990, p. 114 et suivantes.

17) *Teleologie* – téléologie. Terme d'origine grecque. L'idée essentielle est celle de but, de fin.

B) Kant

1) *Erklären* – expliquer, définir. Dans *expliquer,* il y a l'idée de développer, de dé-plier. La langue allemande retient la notion de *clarification.* Les Français disent : « *c'est évident* ». Les Allemands disent : « *Es ist ganz klar* ». On sait qu'outre la clarté, Descartes exige la distinction. Cf. E. Gilson, *Index scolastico-cartésien*, Alcan, Paris, 1913, p. 86, 147, 148.

2) *Wissenschaftslehre* – doctrine du savoir (lu par Kant comme : savoir du savoir). Le terme *Wissen (savoir)* et celui de *Lehre* (doctrine) ont une connotation religieuse chez Fichte.

3) *rein* – pur. Ce mot possède trois sens. Il signifie d'abord *propre* par opposition à ce qui est sale ; ensuite il signifie une *réduction* (ce n'est que cela !), enfin il signifie *pur* (dégagé de l'expérience empirique).

4) *Geist* – esprit. Il n'y a strictement aucune traduction cohérente pour *Geist*. Cf. Jan de Vries, op. cit, p. 12. L'expression *sens* devrait être retenue cependant. La *Phénoménologie de l'Esprit* de Hegel est la *Phénoménologie du Sens*.

5) *Object* – objet. Terme provenant du latin : être - devant, *ob-jectum*. Kant et Fichte utilisent aussi le terme *Gegenstand* qui signifie : se tenir devant. Rien ne sépare ces termes. Les commentateurs qui, comme B. Rousset, ont voulu distinguer chez Kant l'objet du *Gegenstand*, ont introduit dans leur lecture des complications, souvent confuses et inutiles. Même remarque pour Fichte.

6) *Propädeutik* – propédeutique. Mot d'origine grecque. Il ne possède aucune dimension spéciale chez Kant et signfie : enseignement pré-liminaire. Donc, cf. Littré, op. cit. T. VI.

7) *Standpunkt* – point de vue. L'allemand dit : point (*Punkt*)auquel on se tient (*stehen*). L'idée de vision est impliquée dans le *stehen*, tenir debout.

8) *Gott* – Dieu. Mot germanique.

9) *Befriedigung* – satisfaction. Le terme allemand enveloppe l'idée de paix (*Friede*).

Table des matières :

ACHEVÉ D'IMPRIMER
EN   MARS   1991
PAR L'IMPRIMERIE
DE LA MANUTENTION
A MAYENNE
N° 81-91